에세이 효봉

KB194753

에세이 효봉

曉峰

이일야 지음

강건기 감수

담앤북스

효봉 대선사

吾說一切法　　내가 말한 모든 법

都是早駢拇　　그거 다 군더더기.

若問今日事　　오늘 일을 묻는가?

月印於千江　　달이 일천 강에 비치리.

　 _ 효봉 선사 열반송涅槃頌

목차

1부
삶의 길

2부
사유의 길

머리말

『에세이 효봉』을 엮으며

참으로 묘한 인연이다. 2012년 이정범 작가는 보조국사 지눌
스님의 생애를 담은 다큐소설 『그대 마음이 부처라네』를 출간한
적이 있다. 당시 그 책을 읽고 나서 스님의 유적지를 답사하고 그
분의 생애와 사상을 에세이 형식으로 정리하면 독자들이 쉽게 접
근할 수 있겠다고 생각하였다. 그래서 월간 〈송광사〉에 2년 동
안 연재를 하고 원고를 엮어서 『안다는 것, 산다는 것』이라는 제
목으로 출간하였다. 이 책을 내고 보조국사 종재 때 송광사 대웅
보전에서 스승이신 강건기 선생님과 함께 봉헌한 기억이 아직도
생생하다.

이정범 작가와의 인연은 여기서 끝나지 않았다. 새로운 인연을 맺게 된 책은 효봉 스님의 일대기를 다룬 소설 『붓다가 된 엿장수』다. 알려진 것처럼 효봉 스님은 스스로 학눌學訥이라 이름하고 보조국사를 마음속 스승으로 모신 분이다. 700여 년이라는 간극을 두고 사제의 인연을 맺은 두 선사를 작가가 소설을 통해 21세기에 되살려 낸 셈이다. 이번에도 필자는 효봉 스님의 수행처를 순례하고 그분의 생애와 사상을 에세이 형식으로 풀어냈다. 그래서 나온 책이 『에세이 효봉』이다.

이 책 역시 2020년부터 2년 3개월 동안 월간 〈송광사〉에 연재한 글을 엮어 출간한 것이다. 이정범 작가가 소설을 쓰면 필자가 에세이로 풀어내는 상황이 두 번이나 계속되다 보니, 우연이라 하기엔 뭔가 특별하고도 끈끈한 인연이 작동한다는 생각이 들었다. 최근의 소식을 들으니 작가는 효봉 스님의 제자인 구산 스님의 소설을 새롭게 시작했다고 한다. 이 일이 또 어떤 인연으로 이어질지 궁금하다.

『에세이 효봉』은 보조사상연구원 이사장을 지낸 현호玄虎 대종사의 원력으로 세상에 나온 책이다. 스님은 오래전부터 효봉 스님의 생애와 사상을 정리하겠다는 원願을 세웠는데, 여러모로 부족한 필자가 그 역할을 맡게 되었다. 효봉 스님의 생애는 현호 스님이 정리한 행장을 많이 참고하였다. 책 말미에 부록으로 현호 스님이 효봉 스님의 생애를 아홉 개의 그림으로 정리한 구상도 九相圖를 함께 실었다. 『안다는 것, 산다는 것』을 출간할 때와 마찬 가지로 이번에도 스님은 글을 쓸 수 있도록 물심양면으로 지원을 아끼지 않았다. 이 자리를 빌려 목우가풍牧牛家風의 전통을 지키기 위해 애쓰고 계신 스님께 존경과 감사의 마음을 전하고 싶다.

이 글을 어떻게 써야 할지 고민하고 있을 때, 강건기 선생님은 효봉 스님의 법어집에 있는 내용을 주제별로 정리해서 필자가 참 조할 수 있도록 도움을 주셨다. 스승님께서 보내 주신 메모는 목 적지를 가는 데 있어서 방향을 잡아 주는 나침반 역할을 해 주었 다. 덕분에 길을 잃지 않고 무사히 원고를 마칠 수 있었다. 이뿐 만 아니라 월간 〈송광사〉에 원고를 보낼 때마다 매번 꼼꼼히 감 수하는 수고를 더해 주셨다. 스승님께도 감사와 존경의 마음을 전하고 싶다. 참으로 닮고 싶은 분이다.

새로운 글을 쓸 때마다 유익한 조언을 해 주시는 이준엽 호남문 화원 실장님과 오탈자가 없는지 원고를 세심하게 살펴 준 일지一止 선생님과 아호兒虎 거사님께도 감사의 말씀을 드린다. 끝으로 이 책이 나올 수 있도록 배려를 해 주신 담앤북스 오세룡 대표님을 비롯한 출판사 가족 모두에게 깊은 감사의 마음을 전한다.

불기 2566년 5월

성작산 아래 초가에서

이일야 합장

프롤로그

낯선 만남

.

생각生覺, 삶이 깨어나다

머리말에서 언급한 것처럼, 2013년부터 2년간 월간 〈송광사〉에 「에세이 지눌」을 연재하고 이 글을 모아 『안다는 것, 산다는 것』이란 제목으로 출간한 적이 있다. 그런데 이제는 스승에게 받은 원명元明이란 법명을 학눌學訥로 고친 효봉의 에세이를 쓰고 있다. 학눌은 '지눌을 배운다.'는 뜻이니, 700여 년이란 시간을 뛰어넘어 사제의 연을 맺은 인물의 글을 쓰고 있는 것이다. 참으로 묘한 인연이다.

지눌을 공부하고 글을 쓰면서 늘 관념 속에 갇힌 기분이었다. 어떻게 하면 관념에서 벗어나 생생한 나의 문제로 살려 낼 수 있

을까? 그때 느낀 문제의식이었다. 그의 유적지를 순례하고 글을
쓴 것도 나의 삶 속에서 녹여 내기 위한 작은 몸부림이었다. 글을
쓸 당시 지눌과의 만남이 그리 낯설지 않았다. 그에 관한 몇 편의
논문을 쓰면서 나도 모르게 익숙해진 것이다. 그런데 효봉과의 만
남은 조금 낯설게 느껴진다. 아직 그를 잘 모르기 때문일 게다. 그와의
만남이 익숙해졌을 때, 과연 나의 실존에 어떤 변화가 일어날까?

　철학자 하이데거(Martin Heidegger, 1889~1976)는 생각이란 전혀 기대
하지 않았던 상황과 조우할 때 일어난다고 하였다. 흔히 인간을
생각하는 동물로 정의하지만, 평소 생각을 하면서 사는 사람은
그리 많지 않다. 업業의 관성에 따라 어제와 같은 오늘을 살 뿐이
다. 그런데 낯선 상황과의 만남은 우리로 하여금 생각을 일으키
게 한다. 예컨대 만날 때마다 웃는 사람이 있다고 해 보자. 그런
데 언젠가부터 그 사람 얼굴에서 웃음기가 사라졌다. 늘 웃는 얼
굴이 익숙했는데, 어두운 표정의 그 사람이 낯설게 느껴진다. 그
때 우리는 생각을 하게 된다. '그 사람에게 무슨 일이 생긴 것은
아닐까?'

　때로는 낯선 만남에서 잠자고 있던 삶(生)이 깨어나기(覺)도 한
다. 학교와 도서관만 왔다 갔다 하는 익숙한 일상이 아니라, 아버
지와 처음 본 낯선 연극에서 배우의 꿈이 탄생하는 것이다. 석가

모니 붓다도 그랬다. 싯다르타는 늘 좋은 음식과 환경, 젊은 사람들과의 생활이 익숙했다. 그런데 어느 날 성문 밖을 나가서 전에는 경험해 보지 못한 매우 낯선 상황과 마주하게 된다. 바로 늙고 병들고 죽은 사람을 보게 된 것이다. 이 충격적인 만남에서 싯다르타는 '삶과 죽음이란 무엇인가?'를 생각하게 되었고, 명상에 잠긴 수행자를 보고서 마침내 잠자고 있던 그의 삶이 깨어났다. 붓다의 출가와 깨침은 낯선 만남이 가져다준 진리의 꽃이었고, 우리는 지금 그 향기를 음미하고 있는 것이다.

효봉의 생애에서도 낯선 만남이 수차례 있었다. 하지만 지금의 고등법원에 해당되는 평양 복심법원覆審法院에서 독립군에게 사형을 선고할 때만큼 그를 낯설게 만든 상황도 없었을 것이다. 왜냐하면 그 만남이 삶 전체를 바꾸어 놓았기 때문이다. 잠자고 있던 그의 삶이 깨어난 것이다. 그는 생각했다.

'독립군에게 사형을 선고하다니! 내가 지금 뭐 하고 있는 거지?'

그 길로 효봉은 집을 나갔다. 그리고 3년간 엿장수의 삶을 살면서 고행의 길을 걷는다. 지난날의 익숙했던 삶을 버리고 낯선 길로 들어선 것이다. 어쩌면 이 가시밭길은 용서할 수 없는 자신에게 내린 사형선고였는지도 모른다. 엿장수의 삶이 익숙해질 무렵 그에게 또 다른 낯선 만남이 기다리고 있었다. 바로 불교와의 만남이다. 그는 금강산 도인으로 알려진 스승 석두石頭와의 만남을 통해 낡은 옷을 벗고 새로운 옷으로 갈아입었다. 그의 삶이 또 한 번 새롭게 깨어나는 순간이다.

　그러나 그 삶은 온통 구름에 둘러싸여 아무것도 보이지 않는 봉우리였다. 왜 스승은 그에게 운봉雲峰, 즉 구름 낀 봉우리라는 법호를 주었을까? 운봉은 스승이 제자에게 내준 숙제가 아닐까 상상해 본다. 봉우리를 둘러싸고 있던 구름을 모두 걷어 내고 새벽녘의 밝은 햇살을 드리우라고 말이다. 과연 제자는 구름 걷힌 새벽(曉) 봉우리(峰)를 당당히 드러낼 수 있을까?

구름 걷힌 새벽 봉우리

'땅에서 넘어진 자, 땅을 짚고 일어나라(人因地而倒者 因地而起).'

　지눌이 고려불교를 개혁하기 위한 정혜결사를 추진하면서 외친 사자후다. 길을 가다 보면 땅에서 넘어질 수 있다. 누군가는 그대로 주저앉지만, 땅을 짚고 일어나 묵묵히 자신의 길을 걸어가는 사람이 있다. 역사는 그 길을 걸어가는 사람이 만들기 마련이다. 장자莊子의 말처럼 '길은 걸어야 생기기(道行之而成)' 때문이다.

효봉 역시 길을 가다 땅에서 넘어졌다. 그것도 크게 말이다. 다친 마음을 치유하기 위해 엿을 팔면서 3년 동안 방황하다가 마침내 불교에 귀의했다. 붓다의 가르침은 막다른 골목에서 만난 구원의 길이었다. 그렇기 때문에 그에게 불교는 삶의 일부가 아니라 전부였다. 출가 이후 그 누구보다 치열하게 수행했던 이유도 여기에 있었다. 그런데 주변이 온통 구름에 싸여 보이지 않는다. 어떻게든 구름을 걷어 내야 했다. 마침내 그는 금강산의 신계사 법기암 근처에 토굴을 짓고 문을 모두 닫아 버렸다. 무문관無門關 수행에 들어간 것이다. 한 소식을 듣기 전에는 결코 나오지 않으리라 다짐하면서.

하루 한 끼의 식사와 죽음을 불사한 용맹정진이 이어졌다. 그리고 마침내 그는 문을 박차고 나왔다. 스승이 내준 숙제를 모두 푼 것이다. 그때의 답안지는 이랬다.

海底燕巢鹿抱卵　바다 밑 제비집에 사슴이 알을 품고
火中蛛室魚煎茶　타는 불 속 거미집엔 물고기가 차를 달이네.

此家消息誰能識　　이 집안 소식을 뉘라서 알랴.

白雲西飛月東走　　흰 구름은 서쪽으로 달은 동쪽으로.

선사의 오도송悟道頌을 해석하는 불경不敬을 오늘은 저지르고 싶지 않다. 다만 한 가지 주목되는 것은 이를 계기로 효봉을 둘러싸고 있던 안개가 걷히기 시작했다는 사실이다. 그래서 활활 타오르는 불 속 거미집에서 고기 한 마리가 고요히 앉아 차를 달이는 모습이 보인 것은 아닐까. 더 이상 무슨 말이 필요하겠는가. 온통 '하나'인 집안 소식인 것을.

그의 낯선 만남은 송광사에서도 이어진다. 이번에는 놀랍게도 꿈속에서 보조국사 지눌의 16세 법손인 고봉高峰을 만나 수기授記를 받게 된다. 고봉은 꿈속에서 법문을 하고 그에게 효봉曉峰이란 법호를 내려 주었다. 운봉이 효봉으로 바뀌는 순간이다. 드디어 구름을 모두 걷어 내고 새벽녘의 봉우리가 그 모습을 당당히 드러낸 것이다.

이 낯선 만남은 자신뿐만 아니라 한국불교를 일으켜 세우는 에너지로 작용하였다. 당시 한국불교 역시 땅에서 넘어진 상태였다. 숭유억불崇儒抑佛의 어려움 속에서 힘겹게 지켜 왔던 청정 승가의 전통은 일제의 무력武力 앞에 무너지고 말았다. 그러나 자신의 정체성과 가치를 지킨다면 정신문화는 쉽게 소멸되지 않는다는 것이 역사가 우리에게 보여 준 교훈이다. 그 어려운 시절에도 눈 뜬 선지식들은 한국불교의 전통과 가치를 지키기 위해 가시밭길을 마다하지 않았다. 그 중심에 효봉이 있었다. 우리가 그에게 주목하는 이유다.

『에세이 효봉』은 당시 효봉의 문제의식을 함께 느끼고 오늘의 시선에서 그를 그리려고 한다. 이를 위해 그가 걸었던 길을 순례하는 마음으로 함께할 것이다. 1부 「삶의 길」에서는 효봉이 수행한 도량을 답사하고 내가 느낀 그의 생애를 그리고자 한다. 그리고 2부 「사유의 길」에서는 효봉의 사상을 독자들이 쉽고 편안하게 접할 수 있도록 에세이 형식으로 풀어 보려 한다. 아쉬움으로 남는 것은 금강산에 위치한 유점사와 신계사 등을 갈 수 없다는 사실이다. 남과 북이 서로 손을 잡고 대문을 활짝 열면 제일 먼저 달려가 그를 느끼고 싶다. 누군가 그랬다. 사랑은 누군가를 잘 알았을 때 나오는 감정이 아니라, 누군가를 알고 싶은 욕망이라고. 나는 그를 알고 싶다.

이제부터 효봉과의 낯선 만남을 가지려 한다. 어떤 길이 기다리고 있을까? 설렘과 기대가 앞선다. 어쩌면 그를 쓰는 일이 무척 힘든 고행 길이 될지도 모른다. 그러나 내가 걷는 한 걸음 한

걸음이 꽃길이 될 것이라 믿는다. 그를 알아 가면서 나의 삶(生)도
깨어날(覺)지 모르니까.

1부

삶의 길

방문객

눈먼 거북 널빤지 만나다

코로나19의 영향은 생각보다 강력했다. 인류에게 선보인 신형 바이러스는 정치, 경제, 사회, 문화 전 분야에 침투하여 촘촘히 얽힌 네트워크를 마비시켰다. 특히 사람들의 마음을 전염시킨 불신과 원망, 분노, 혐오 등은 바이러스보다 훨씬 무서웠다. 바이러스(virus)를 번역하면 맹독猛毒이 되는데, 정말이지 이름값을 톡톡히 해내고 있다.

모든 것이 멈춘 느낌이다. 사람들끼리 모이는 것은 물론 실례가 될까 봐 누군가를 찾아가는 것조차 조심스럽다. 봄이 왔는데도 봄을 느끼는 것이 미안할 정도다. 효봉의 길을 찾아 떠나는 여정도 시작하지 못했다. 이럴 땐 어쩔 수 없다. 잠시 멈추고, 마음으로 걸을 수밖에.

불교에 입문해서 맨 처음 들은 이야기는 눈먼 거북이 널빤지를 만난 인연에 관한 것이었다. '맹구우목盲龜遇木'으로 알려진 이야기는 인간으로 태어나 붓다의 가르침과 만나는 일이 얼마나 희유稀有한 인연인지를 비유하고 있다. 태평양 한가운데 살고 있던 눈먼 거북은 숨을 쉬기 위해 백 년에 한 번씩 물 밖으로 나온다고 한다. 바다에는 둥그런 구멍이 뚫린 널빤지가 떠돌아다니고 있었는데, 거북의 머리가 수면 위로 올라오는 순간 구멍 속으로 쏙 들어간다는 이야기다. 그 확률이 얼마나 되겠는가. 로또 1등에 당첨될 확률은 명함도 내밀지 못할 일이다.

효봉은 이런 희유한 인연으로 사바세계를 방문했다. 그가 속가의 이름인 이찬형李燦亨으로 왔던 때는 1888년 음력 5월 28일이다. 그는 평안남도 양덕군 쌍룡면 반성리 금성동에서 아버지 이병억李炳億과 어머니 경주 김씨金氏 사이에서 5남매 중 3남으로 태어났다. 비록 망해 가는 나라였지만, 가부장제 사회에서 부유한 집안의 사내아이로 태어났다는 것은 그 자체로 사랑받을 조건을 충분히 갖춘 셈이다. 게다가 그는 신동神童이었다.

'당신은 사랑받기 위해 태어난 사람'이라 했던가. 그러나 남존여비男尊女卑의 조선 사회에서 여성이 사랑을 받는다는 것은 그리

쉬운 일이 아니다. 아내가 딸을 낳은 것에 실망해서 술을 먹고 들어오는 남편의 모습도 어렵지 않게 볼 수 있는 시절이다. 이런 사회에서 여성은 어릴 때부터 청소나 빨래 등 집안일을 돕고 어린 동생들을 돌보는 등의 노력을 본능적으로 하게 된다. 일종의 부모의 관심과 사랑을 받기 위한 전략이라 할 것이다. 여성이 일찍부터 성숙해진 이유다. 그러니 여성이 남성보다 성숙하다고 자랑할 일만은 아니다. 남녀 간의 차별 속에서 사랑받기 위한 힘겨운 노력, 아니 아픈 역사가 남긴 흔적이니 말이다.

이런 점에서 보면, 이찬형은 사랑받을 수 있는 충분한 조건을 지니고 태어난 운 좋은 아이였다. 게다가 어릴 때부터 똑똑해서 열두 살에 이미 사서삼경四書三經을 통달했다고 하니, 부모의 자부심이 얼마나 컸겠는가. 한학자漢學者인 할아버지의 손자 사랑은 훨씬 더했다. 할아버지는 찬형이 말을 시작할 때부터 무릎에 앉혀 놓고 천자문을 가르쳤다. 그런 손자의 학문이 날로 늘어 가는 모습을 할아버지는 대견하게 바라보곤 했다. 동네 사람들도 예사롭지 않은 신동의 출현에 너나없이 기뻐하였다. 어느새 그는 마을의 자랑이 되어 있었다.

그러나 질투의 신은 그를 가만 놔두지 않았다. 찬형이 열세 살 되던 해 정월 보름이었다. 그는 친구들과 밖에서 놀다 들어왔는데, 마침 할머니와 어머니가 인절미를 만들고 있었다. 이를 본 찬형은 연거푸 서너 개의 떡을 입에 넣다가 그만 목에 걸리고 말았다. 그는 창백한 얼굴을 하고서 그대로 쓰러졌다. 의원을 불러 진맥을 해 보았는데, 관격關格이었다. 먹은 음식이 체하여 토하지도 못하고 대소변도 보지 못하는 위급한 병이다.

가망이 없다는 듯 의원은 고개를 가로저었다. 한 자락 희망으로 정수리에 뜸을 떠 보았지만 이마저 소용이 없었다. 이를 지켜본 할아버지는 슬픔과 분을 이기지 못하고 주막에 가서 폭음을 하다가 그만 세상을 떠나고 말았다. 오곡밥과 부럼, 귀밝이술로 한 해의 풍년과 가족의 안녕을 기원하는 그날, 한 집안에 비극이 찾아온 것이다.

방문객, 부서지기 쉬운

방문객을 향한 사바세계의 텃세가 지나쳤던 것일까. 할아버지는 저승으로 갔지만, 어린 찬형은 가까스로 이승에 남을 수 있었다. 소식을 듣고 달려온 삼촌이 마지막으로 조카의 얼굴을 보겠다며 이불을 걷었는데, 얼굴에 핏기가 돌고 온몸에 따뜻한 기운이 남아 있었다. 죽었다고 생각해서 이불에 말아 방안에 놓아둔 지 하루가 지난 후였다. 방문객의 운명이 이렇게 이어지고 있었다. 효봉은 훗날 이때를 회상하며 말하곤 하였다. 아무래도 자신은 할아버지 운명을 대신 받고 살아난 것 같다고.

이쯤에서 정현종 시인의 「방문객」이란 시를 읽어야겠다. 찬형의 사바세계 방문을 기꺼이 맞이하기 위해서다.

"사람이 온다는 건 실은 어마어마한 일이다 / 그는 그의 과거와 현재와 그리고 그의 미래와 함께 오기 때문이다 / 한 사람의 일생이 오기 때문이다 / 부서지기 쉬운 그래서 부서지기도 했을 마음이 오는 것이다 / 그 갈피를 아마 바람은 더듬어 볼 수 있을 마음 / 내 마음이 그런 바람을 흉내 낸다면 필경 환대가 될 것이다"

_ 정현종, 『광휘의 속삭임』「방문객」전문

시인의 노래처럼 사람이 온다는 건 그리 단순한 일이 아니다. 실로 어마어마한 일이다. 억겁億劫의 인연을 통째로 이끌고 오기 때문이다. 한 사람의 온 생生이 오는 것이다. 이곳에 오기까지 얼마나 많은 마음이 부서지고 또 부서졌을까. 바람만은 그 아픔을

26

알고 있을 것이다. 그 바람을 흉내라도 내야 할 것 같다. 방문객을 환영해야 하니까. 비록 이곳에서도 계속 부서지겠지만.

　할아버지의 죽음은 찬형에게 찾아온 첫 번째 낯선 만남이었다. 비록 커다란 충격이었지만, 이 사건을 계기로 그는 어떻게 살아야 할까를 생각生覺하게 되었다. 잠자고 있던 삶(生)이 깨어난(覺) 것이다. 할아버지를 대신하는 삶을 어떻게 가꾸어야 할까? 당시 소년이 느낀 문제의식이었다. 정수리의 흉터는 그의 삶을 일깨운 첫 흔적이자 증거였다. 훗날 효봉은 쑥으로 뜬 상흔을 만지면서 그날을 떠올리곤 하였다. 그리고 해마다 음력 1월 16일이 돌아오면 할아버지 이창근李昌根을 기억하며 정성껏 제사를 모셨다.

　이 일이 있은 후 찬형은 촌음을 아껴 가며 열심히 공부했다. 그것이 할아버지의 은혜를 갚는 길이라고 생각했던 것이다. 그리고 마침내 작지 않은 결실을 맺게 된다. 그는 이듬해인 1901년 14세의 나이로 평안감사가 주최한 백일장에서 당당히 장원을 차지하였다. 스승이자 할아버지의 가르침이 없었다면 가능하지 않은 일이었다. 그분이 살아 계셨으면 얼마나 기뻐했을까. 이를 생각하니 어느새 그의 눈가엔 이슬이 맺히고 있었다.

　그러나 장원급제를 했다고 해서 그가 출세하는 데 그리 큰 영향을 주지는 못했다. 이전 같으면 성균관에 입학할 수 있을 정도의 큰 성과였으나, 당시는 이미 과거제도가 폐지된 뒤였기 때문이다. 알려진 것처럼 과거제도는 1894년 갑오개혁甲午改革 때 역사 속으로 사라졌다. 찬형의 나이 여섯 살 때의 일이다. 그럼에도 불구하고 할아버지는 손자에게 한학을 가르쳤다. 그 덕에 찬형은 출가 후 경전을 공부하는 데 별다른 어려움을 느끼지 못했다.

사바세계 방문객 이찬형의 유년 시절은 그렇게 지나가고 있었다. 자신의 잘못은 아니었지만, 어쨌든 할아버지를 그렇게 떠나보내야 했다. 그가 방문한 세계는 말 그대로 참지 않으면 살아갈 수 없는 인토忍土였다. 외세의 침입으로 500년 이어 온 조선의 역사가 사라질 위기에 처했으니 말이다. 험난하고 가혹한 시대가 찬형을 기다리고 있었다. 방문객은 부서지고 부서지는 거친 파도 속에서 어떤 역사를 만들어 낼까? 바이러스가 잠잠해지면 그 길을 따라 거닐어 봐야겠다.

화려한 지옥

멈췄더니 보이더라

하나를 얻으면 하나를 내주는 게 세상 이치다. 그렇지 않고 모두 가지려 하다가는 낭패 보기 십상이다. 마찬가지로 뭔가를 잃게 되면 얻는 것도 있기 마련이다. 다만 우리의 시선이 잃은 것에만 닿아 있어서 모르고 있을 뿐이다. 코로나19는 인간에게서 많은 것을 앗아 갔다. 소중한 생명은 물론 경제, 사회, 문화 등 거의 모든 분야에서 생산과 물자, 사람의 이동을 중지시켰다. 전 세계가 아우성이다. 10억분의 1㎜밖에 안 되는 미생물이 수천 년 쌓아 온 인류의 문명을 순식간에 초라하게 만들었다.

그러나 코로나 바이러스를 통해 우리가 얻은 것은 없을까? 아이러니한 일이지만, 신종 바이러스로 생산과 물류의 이동이 중단되자 갑자기 강과 산, 하늘이 맑아졌다. 수많은 매연을 쏟아 내던 공장들이 가동을 멈추고 차량의 운행이 줄어들면서 나타난 뜻밖의 현상이다. 이뿐만 아니라 시리아, 리비아, 예멘 등지에서 발생했던 국지전도 중단되었다. 주변 국가들이 그렇게 노력해도 안되던 일들을 보이지도 않는 미생물이 해낸 것이다. 주위를 둘러보면 코로나로 인해 얻은 것이 꽤나 많을 것이다. 사람들은 이러한 묘한 현상을 보고 '코로나 역설'이라 부르기 시작하였다.

멈추면(止) 비로소 보인다(觀)고 했던가. 앞만 보고 달리던 문명이라는 이름의 자동차가 잠시 멈춰 서자 그동안 보이지 않았던, 아니 눈앞의 작은 이익 때문에 애써 외면했던 진실들이 보이기 시작했다. 그동안 인간의 탐욕과 무분별한 개발로 인해 자연과 생태계가 얼마나 많이 파괴되고 있는지도 보였다. 그래서인지 자연계의 입장에서 보면 인간이 바이러스라는 이야기가 여기저기서 나오고 있다. 바이러스가 인간을 성찰하도록 만들고 있는 것이다.

우리가 안전하다고 해도 세상이 오염되면 모두가 위험하다는 사실도 알게 되었다. 그러니 무조건 봉쇄한다고 문제가 해결되는 것은 아니다. 무역과 교통이 막히면 우리 또한 살 수 없기 때문이다. 국제적인 협조와 공존이 필요한 이유다. 역설적으로 이 불행한 사태는 모든 것은 홀로가 아니라 관계 속에서 더불어 존재한다는 연기緣起의 진리를 우리에게 확인시켜 주었다.

　무엇보다 바이러스는 성장이 최고의 가치라고 여겨 왔던 인류에게 근원적인 질문을 던지고 있다. '어디를 향해' 그렇게 정신없이 달리고 있는지 말이다. 오늘의 모든 철학과 종교, 인문학은 이 질문에 답을 해야 한다. 어쩌면 바이러스는 무엇을 위한 것인지, 어디를 향하는지도 모른 채 앞만 보고 달려왔던 우리에게 잠시 멈추고 지나온 길을 돌아보라고 찾아온 방문객이 아닐까 싶다. 방문객의 말에 귀를 기울이면 코로나 사태 이전과는 다른 새로운 삶을 모색하게 될 것이다.

　내용은 조금 다르지만 강대국들이 그저 앞만 보고 달리던 상황은 지금이나 효봉이 살았던 시절이나 별반 차이가 없다. 당시 미국과 영국을 비롯한 서구 열강은 식민지 개척을 위한 치열한 경쟁을 하고 있었다. 불행히도 우리는 그 희생양이 되어 민족의 운명이 바람 앞의 등불처럼 위태로웠다.

　1905년 미국의 육군 장관 윌리엄 하워드 태프트(William Howard Taft, 1857~1930)는 일본 도쿄에서 내각총리대신 가쓰라 다로(桂太郎, 1848~1913)와 회담을 갖는다. 일본이 필리핀에 대한 미국의 식민 통치를 인정하고 그 대가로 미국은 일본의 대한제국 통치를 승인한다는 내용이다. 우리의 의지와 관계없는 역사가 그들의 이해관계

에 따라 결정된 것이다. 역사는 이 회담은 가쓰라·태프트협정協定
이라고 하는데 국가 간에 공식적으로 맺은 것이 아니라 밀실에서
몰래 이루어졌다는 뜻에서 가쓰라·태프트 밀약密約이라고도 부른
다. 찬형의 나이 18세 때의 일이다.

우연이겠지만 찬형이 살았던 시절에도 지금과 같은 바이러스
가 창궐한 적이 있었다. 1차 세계 대전이 끝날 무렵인 1918년 세
계적으로 유행한 스페인 독감이 그것이다. 이 바이러스로 약 5억
명이 감염되고 최대 5천만 명 정도가 사망했다고 추정하고 있다.

우리나라도 이 불행한 사태를 피해 가지 못했다. 당시에는 서
반아 감기西班牙 感氣, 혹은 무오년 독감戊午年 毒感이라고 불렸는데,
조선총독부 통계에 따르면 인구의 16.3%에 해당되는 288만 4천
명이 스페인 독감에 감염되고 14만 명이 사망했다고 한다. 이로
인해 1차 세계 대전이 빨리 끝났다고 하니, 그때나 지금이나 바
이러스가 전쟁을 멈추게 하는 묘한 힘을 갖고 있는 것 같다. 물론
그들에게는 잠시 멈춤의 시간이었지만, 우리에게는 가혹한 역사
가 이어지고 있었다.

화려한 지옥

이찬형은 학창 시절 교과서에서 많이 접했던 격변의 역사를 살아 낸 인물이다. 임오군란(1882)과 갑신정변(1884)은 찬형이 태어나기 불과 몇 년 전에 일어났고 갑오개혁(1894), 을미사변(1895), 을사늑약(1905) 등은 찬형이 청소년기에 겪은 사건들이다. 일본은 총과 대포를 앞세워 경복궁을 침범하고 한 나라의 왕비를 시해하는 만행을 저지른다. 그리고 마침내 우리나라를 강제 병합하기에 이른다. 아픈 역사가 계속되고 있었던 것이다.

14세의 나이로 평안감사가 주최한 백일장에서 장원을 차지한 찬형은 신학문을 공부하기로 결심한다. 할아버지께 배운 한학으로 할 수 있는 일이 별로 없었기 때문이다. 갑오개혁으로 인해 과거제도가 폐지되면서 서울의 성균관은 물론 지방의 향교와 서당역시 점차로 쇠퇴하고 있었다. 반면 오늘날 초등학교에 해당하는 보통학교와 중고등학교 격인 고등보통학교가 설립되어 그 자리를 대신하고 있었다. 찬형은 평양 광성보통학교와 평양고등보통학교에서 학창 시절을 보내는데, 당시 고등보통학교는 서울의 경성고보와 평양의 평양고보 두 곳밖에 없었다고 한다. 널리 알려진 함석헌 목사와 길옥윤 작곡가, 조순 전 총리 등도 모두 평양고

보 출신이다.

찬형은 평양고보를 졸업하고 총독부에서 주관하는 관선(官選) 유학생으로 뽑혀 새로운 길을 향해 일본으로 떠난다. 어쩌면 세상에 나아가 이름을 떨치는 것(立身揚名)이 돌아가신 할아버지에 대한 효도라 생각했는지 모를 일이다. 그는 일본의 명문 와세다 대학 법학부를 졸업하고 귀국한다. 그가 화려한 스펙을 쌓는 사이 국권은 이미 일본에 넘어가고 말았다.

알려진 것처럼 그는 1913년 26세의 나이로 귀국한 후 10년간 서울과 함흥의 지방법원을 거쳐 지금의 고등법원에 해당하는 평양 복심법원에서 판사 생활을 한다. 누구라도 부러워할 만한 성공한 인생이었다. 그러나 그의 마음은 고통의 연속이었다. 백성들은 일제로부터 온갖 수탈을 당하고 뜻있는 젊은이들은 나라를 찾겠다며 독립운동을 하고 있는데, 정작 자신은 식민지 체제에서 편안한 삶을 살고 있었기 때문이다.

그가 아무런 문제의식 없이 이러한 삶에 만족했다면, 지금 내가 효봉을 주제로 글을 쓰는 일도 없었을 것이다. 그는 양심(良心)이 작동하면 할수록 스스로 부끄러웠다. 겉으로는 화려해 보일지 몰라도 속은 새까맣게 타들어 가고 있었다. 효봉의 제자이자『무소유』의 저자로 유명한 법정 사문은 스승의 생애를 정리하면서 그 시절을 '화려한 지옥'이라고 이름하였다.

화려했지만 지옥과 같은 날들에 종지부를 찍을 시간이 다가왔다. 그는 어느 독립군에게 사형을 선고하고 깊은 자괴감에 빠진다. '내가 지금 뭐 하고 있는 거야!' 아무리 생각해 봐도 답이 나오지 않는다. 부끄러운 자신을 잊기 위해 술에 의지했지만, 몸을 괴롭힌다고 마음의 고통이 사라지는 것은 아니다. 수레가 가지 않는다고 바퀴에 채찍질을 해 봐야 아무 소용없는 일이다.

중국 고전인『중용』에 "부끄러움을 아는 것은 용기에 가깝다(知恥近乎勇)."는 구절이 나온다. 누구나 부끄러운 행동을 하지만, 아무나 부끄러움을 아는 것은 아니다. 용기는 스스로를 성찰하고 참회할 수 있는 사람에게만 작동하는 삶의 에너지다. 드디어 찬형의 삶(生)을 새롭게 일깨우는(覺) 에너지가 작동하기 시작하였다. 그는 용기를 내어 화려한 지옥에서 벗어나기로 결심한다. 모든 것을 버리고 기약도 없는 엿장수의 길, 아니 참회의 길을 떠난 것이다. 그 가시밭길에 무엇이 기다리고 있을까? 마음으로 그 길을 따라 걸어 봐야겠다.

귀향

타향살이

집 나가면 고생이라는 옛말은 오늘에도 여전히 통하는 것 같다. 자신이 살던 집만큼 안락한 공간이 없기 때문일 게다. 군대 간 20대 청춘들이 힘들어하는 이유도 여기에 있다. 오래된 버전이지만 성공해서 돌아오리라 다짐하며 고향을 떠난 시골 청년의 서울 생활도 이와 비슷하다. 타지 생활이 힘들 때면 어머니가 해주신 따뜻한 밥 한 그릇이 그리워진다. 가요 〈타향살이〉의 가사처럼 "부평 같은 내 신세가 혼자도 기막혀서 창문 열고 바라보니 하늘은 저쪽"에 있었다.

무작정 집을 나온 찬형의 신세 역시 참으로 기가 막혔다. 부유한 환경에서 고생 한 번 안 하고 살아온 엘리트 신사가 빈털터리로 집을 나왔으니 더 말해 무엇 하겠는가. 게다가 딱히 갈 곳이 있는 것도 아니다. 이렇게 살아서는 안 될 것 같아서, 양심良心을 등지고 살아갈 자신이 없어서 모든 것을 버리고 뛰쳐나온 것이다. 지금까지 겪어 보지 못한 가시밭길이 기다린다는 것을 알면서도 찬형은 기꺼이 그 길을 택했다.

찬형은 평소처럼 아내가 차려 주는 아침을 잘 먹고 두 아들과 딸의 배웅을 받으면서 집을 나섰다. 그러나 그가 향한 곳은 직장인 평양 복심법원이 아니라 평양역이었다. 평양역까지 걸어가는데 지난날의 일들이 주마등처럼 스쳐 지나갔다. 찬형을 끔찍이도 아꼈던 할아버지는 다른 누구도 아닌 자신으로 인해 세상을 떠나야 했다. 그 죄책감을 씻는 길은 입신양명立身揚名밖에 없다는 생각으로 열심히 공부하고 일본 유학까지 마치고 돌아왔다. 그리고 남들이 부러워하는 판사가 되었으니, 할아버지에 대한 마음의 빚을 조금은 갚은 것 같았다.

하지만 나라 잃은 시대에 살면서 자신의 이름을 세상에 떨치는 일이 자랑일 수는 없었다. 그것은 오히려 부끄러운 일이었다. 게다가 나라를 찾겠다고 독립운동을 한 청년에게 사형을 선고했으니, 그가 느낀 자괴감은 더욱 클 수밖에 없었다. 순간 두 눈에서 눈물이 흘러내렸다. 이를 들키지 않으려고 찬형은 고개를 푹 숙이고 계속 걸었다. 평양역에 도착한 그는 서울 가는 열차에 몸을 실었다. 창밖으로 보이는 풍경들이 새삼 낯설게 느껴진다. 짐작이라도 했을까. 다시는 돌아올 수 없는 길이라는 것을.

　서울역에 도착한 찬형은 거리에서 우연히 엿장수를 만났다. 문득 '아! 그렇지.' 하는 생각이 스쳐 갔다. 지금까지 살아온 입신양명의 길이 자신을 높이는 삶이었다면 이제부터는 참회하는 삶, 자신을 더욱 낮추는 삶이어야 한다. 엿장수만큼 이러한 삶에 어울리는 일도 없을 것 같았다. 그는 입고 있던 양복과 가방을 모두 팔고 허름한 옷으로 갈아입었다. '엿장수 중'의 전설이 탄생하는 순간이다.

　그는 3년 동안 전국을 떠돌면서 엿장수 생활을 한다. 그것은 추위와 굶주림이 따라다니는 지독한 고행의 길이었다. 길에서 자다가 얼어 죽을 뻔한 적이 한두 번이 아니었다. 그럴 때면 '이게 무슨 생고생이야.'라는 생각에 그만두고 싶었지만, 시간이 조금 지나면 독립군 청년에게 사형을 선고하던 그날이 떠올라 마음을 다잡곤 했다. 죄책감에서 벗어나기 위해서는 참회하는 길밖에 없다. 지금 겪고 있는 타향살이의 고통이 참회의 길이라 자위하면서 그는 걷고 또 걸었다.

　그러던 어느 날 문득 '내가 지금 뭐 하고 있는 거지?', '이렇게 몸을 괴롭히는 것이 참회하는 길일까?'라는 의문이 들었다. 참회를 하면 마음이 조금은 가벼워져야 되는데, 오히려 더욱 무거워 졌기 때문이다. 스스로 참회의 길이라 생각했지만, 실상 그것은 도피나 다름없었다. 그는 몸을 괴롭힌다고 해서 마음의 고통이 사라지지 않는다는 사실을 어렴풋이 깨닫기 시작하였다. 수레가 가지 않으면 말에 채찍질을 해야 하는데, 지금의 엿장수 생활은 수레바퀴에 채찍질을 하는 격이었다. 생각生각이 여기에 이르자 새로운 시절인연이 찬형을 기다리고 있었다. 어느덧 그의 발길이 금강산을 향하고 있었던 것이다.

마음의 고향으로

이찬형의 엿장수 시절을 그리면서 문득 초등학교 시절이 떠올랐다. 당시 우리 집 화장실에는 전구가 없어서 저녁이면 양초와 성냥을 들고 가야만 했다. 가을에는 저녁 화장실이 마치 귀뚜라미들의 놀이터 같았다. 그만큼 귀뚜라미가 많았던 것이다. 나는 일을 보면서 아무런 생각 없이 녀석들을 붙잡아 촛불에 태우는 것으로 무료함을 달래곤 하였다.

그러던 어느 날 불에 타 죽은 귀뚜라미를 생각하니 어린 마음에 죄책감이 심하게 밀려왔다. 가만히 있을 수 없었다. 나는 화장실에 가서 양초에 불을 붙이고 오른손 검지를 갖다 대었다. 너무 뜨거워서 곧바로 떼었지만, 미안한 마음이 들어 아픈 손가락을 움켜쥐고 엉엉 울었다. 그러기를 반복하는 바람에 손가락이 너무 아려서 그날 밤 쉬이 잠들 수 없었다. 내 인생의 첫 참회 의식이었다. 그 이후 귀뚜라미에 대한 죄책감이 조금은 가시는 듯했다.

3년간의 엿장수 생활이 찬형에게 헛된 것만은 아니었다. 그 길이 비록 도피였을지라도 그 과정에서 불교와 맹구우목盲龜遇木의 인연을 맺었기 때문이다. 그는 '발심發心의 산'이라 불리는 금강산 유점사楡岾寺에서 금강산 도인에 대한 소문을 듣게 된다. 훗날 스승이 되는 석두石頭 화상이었다. 찬형은 신계사 보운암普雲庵에 머물고 있던 선사를 한걸음에 찾아간다. 한국불교 역사에 길이 남을 스승과 제자의 만남이 이루어진 것이다.

선禪의 세계에서 이놈이 물건인지 아닌지 시험하는 스승의 날카로운 질문은 필수 코스다. 어디에서 왔느냐는 스승의 질문에 제자는 유점사에서 왔다고 대답한다. 어떻게 왔느냐는 이어지는 질문에 제자의 입에서 뜻밖의 말이 나온다. 찬형이 방안을 한 바퀴 돌고 나서 "이렇게 왔습니다."라고 답한 것이다. 이 모습을 지켜보던 선방 수좌들이 크게 웃으면서 한마디 툭 던진다.

"십 년 공부한 수좌首座보다 훨씬 낫구먼."

1925년 음력 7월 8일 찬형은 서른여덟의 늦은 나이로 사미계를 받고 엿장수에서 출가 사문으로 옷을 바꿔 입는다. 이때 스승인 석두 선사로부터 받은 법명이 원명元明, 법호는 운봉雲峰이었다. '늦깎이 중'이 탄생하는 순간이다. 사문에게 출가한 날은 또 다른 의미의 생일生日이기도 하다. 정신적으로 새롭게 태어난 날, 삶의 질적 전환을 이룬 날이기 때문이다. 훗날 효봉은 매년 이날이 돌아오면 깨끗한 옷으로 갈아입고 출가의 기억을 떠올리곤 하였다. 혹여 제자들이 연유를 물으면 담담하게 "오늘이 내 생일이야."라고 말했다.

요즘 케이블 TV에서 자주 보는 프로그램이 있다. 아직까지 최장수 드라마라는 타이틀을 놓치지 않고 있는 〈전원일기〉다. 검색을 해 보니 1980년부터 2002년까지 방영되었다고 한다. 농촌을 배경으로 한 드라마가 20년 넘게 대중들의 사랑을 받은 셈이다. 특별한 임팩트가 있는 것도 아닌데, 그리 오랫동안 사랑을 받은 이유는 어디에 있을까? 그것은 바로 〈전원일기〉가 모든 이들의 원초적 향수인 고향을 그리고 있기 때문이다. 타향살이에 지친 나그네는 누구나 고향으로 돌아가고 싶어한다. 내가 태어나고 자란 고향에서 부모님 모시고 사는 꿈을 꾸기도 한다. 드라마에서는 고향 떠났던 금동이와 귀동이도 모두 집으로 돌아와 마음의 안락을 찾는다.

종교란 타향살이를 청산하고 마음의 고향으로 돌아오는 여정이다. 그러니까 사문에게 출가는 그 첫걸음인 셈이다. 중생 이찬형은 운봉雲峰이라는 진리의 닉네임을 달고 마음의 고향으로 돌아왔다. 고향은 모든 것이 넉넉하게 갖춰져 있지만, 귀향의 삶이 결코 녹록한 것은 아니다. 타향살이의 업業을 모두 안고 돌아왔기 때문이다. 봉우리(峰)에 구름(雲)이 잔뜩 낄 수밖에 없는 이유다. 귀향의 기쁨도 잠시, 그에게는 봉우리에 낀 구름을 걷어 내야 하는 지난한 과정이 기다리고 있었다.

운봉雲峰 vs 원명元明

본질과 실존의 간극

불교에서는 모든 사람은 태어날 때부터 불성佛性, 즉 붓다가 될 수 있는 성품을 갖추고 있다고 강조한다. 그렇기 때문에 불성이라는 씨앗을 뿌리고 잘 가꾸면 붓다라는 깨침의 열매를 맺을 수 있다. 흔히 불교를 신앙하는 사람을 가리켜 불자佛子라고 부르는데, 붓다의 아들과 딸이라는 뜻이다. 아들과 딸은 아버지, 어머니를 닮기 마련이다. DNA가 동일하기 때문이다. 마찬가지로 불자들은 붓다의 DNA인 불성을 물려받았기 때문에 근본적으로 아버지를 닮았다. 모든 사람은 본바탕本質이 붓다라는 얘기다.

그런데 실제 살아가는 모습을 보면 붓다는커녕 중생도 이런 중생이 있을 수 없다. 아주 작은 일에도 욕심貪을 부리고 그것이 충족되지 않으면 성내瞋며 어리석은癡 삶을 살고 있으니까 말

43

이다. 이런 중생의 삶에 붓다라는 이름이 가당키나 하단 말인가! 그러나 불교에서는 삼독三毒에 찌들어 사는 형편없는 중생이라도 그 본질이 붓다라는 사실에는 변함이 없다고 한다. 마치 먹구름이 잔뜩 끼어 보름달이 보이지 않더라도 달 자체의 밝음에는 변화가 전혀 없는 것과 같다. 먹구름이 물러가면 보름달이 드러나는 것처럼, 수행을 통해 마음 안에 찌들어 있는 삼독을 제거하면 본래의 불성이 환하게 드러나 붓다가 될 수 있는 것이다.

이처럼 인간의 본질本質이 본래 붓다라고 해도 중생으로 살아가는 실존實存 사이에는 간극이 존재하기 마련이다. 명상이나 염불 등 불교의 모든 수행은 이 간극을 줄이는 실천으로서 의미를 갖는다. 붓다란 둘 사이의 간극이 완전히 줄어서 본질과 실존이 합일된 삶을 사는 존재다. 반면에 우리는 중생이라는 실존이 붓다라는 본질을 완전히 압도해서 살아가고 있다. 한마디로 본질과 실존의 간극이 좁을수록 붓다에 가깝고 간극이 넓을수록 중생에 가깝다고 할 수 있다.

이런 이야기를 하는 이유는 스승 석두가 제자에게 내려 준 법명法名과 법호法號에 두 가지 모습이 함께 담겨 있기 때문이다. 스승은 찬형의 법명을 원래(元) 밝은(明) 바탕이라는 의미를 지닌 원명元明이라고 지어 주었다. 열심히 정진해서 보름달처럼 환히 밝은 본래의 불성을 드러내라는 바람이 담긴 법명이다. 그런데 석두는 법명과는 어울릴 것 같지 않은 운봉雲峰이라는 법호를 내려준다. 글자 그대로 구름 가득한 봉우리라는 뜻이다. 구름이 잔뜩 끼어 있기 때문에 봉우리는 있지만 그 모습이 드러나지 않는다. 마치 짙은 먹구름이 보름달을 가리고 있는 것과 같다고 할 수 있다.

어쩌면 스승은 원명을 통해 붓다로서의 본질을 보여 주고 이와 동시에 운봉을 통해 지금까지 중생으로 살아온 찬형의 실존을 대비시키고 있는 것은 아닐까. 본질과 실존 사이의 넓은 간극을 좁히고 불성을 드러낼 것인지, 아니면 그 간극을 줄이지 못하고 중생으로 살아갈 것인지는 철저하게 찬형에게 달려 있었다. 과연 새내기 출가 사문은 어느 방향으로 나아갔을까?

출가 당시는 분명 운봉이라는 실존이 원명이라는 본질을 압도하고 있었다. 그렇기 때문에 앞이 잘 보이지 않았고 먹구름을 걷어 내는 일 또한 요원해 보였다. 게다가 서른여덟 늦깎이 사문이 아니던가. 그는 마음이 조급했다. 다른 사람처럼 잘 잘 것 다 자고 쉴 것 다 쉬면서 수행을 하면 아무 것도 이룰 수가 없다. 촌음을 아껴 가면서 그는 정진에 또 정진을 거듭하였다. 자신을 둘러싼 먹구름의 업業을 걷어 내고 봉우리를 드러내기 위해서는 그 길밖에 없었던 것이다.

그는 출가한 첫해 여름과 겨울 안거를 금강산 보운암에서 보냈다. 이듬해는 어떻게 해야 먹구름을 걷어 낼 수 있을까 하는 의문을 안고 전국의 선지식을 찾아 운수행각을 나서게 된다. 먼저 운봉은 경남 양산에 위치한 내원암內院庵에 가서 당대의 선지식인 용성龍城 선사를 찾아뵈었다. 그리고 수월水月 선사를 만나기 위해 만주 북간도까지 강행군을 이어 간다. 그야말로 자신의 문제를 해결해 줄 선지식을 찾아 온 천하를 헤맨 셈이다. 그러나 아무리 훌륭한 선지식이라도 자신의 문제를 대신 해결해 줄 수는 없는 법이다. 생각이 여기에 이르자 깜깜하기만 했던 길이 조금씩 보이기 시작하였다.

운봉과 원명의 한판 대결

늦깎이 중의 출가 후 수행은 운봉과 원명의 한판 대결이었다. 매번 먹구름이라는 실존 앞에 무너졌지만, 그는 결코 좌절하지 않았다. 넘어지면 또다시 일어나서 언젠가 반드시 나의 본래면목인 봉우리를 드러내리라 굳게 다짐을 하고 정진을 이어 나갔다.

만주에서 보운암으로 돌아온 후에는 더욱더 자신을 채찍질하였다. 정오 이후에는 음식을 먹지 않는 오후불식午後不食과 온종일 눕지 않고 참선에 매진하는 장좌불와長坐不臥의 정진이 계속되고 있었다. 한번 앉으면 절구통처럼 움직이지 않는다고 해서, 이때 붙여진 별명이 '절구통 수좌'였다.

이러한 끊임없는 정진으로 수좌 원명의 봉우리는 조금씩 드러나기 시작하였다. 중생이라는 실존과 붓다라는 본질 사이의 간극이 상당히 줄어들었던 것이다. 원명의 공부를 점검한 스승은 제자가 어느 정도 견처見處를 얻었음을 확인하고 매우 기뻐하였다. 격려가 필요하다고 판단한 석두 선사는 제자에게 전법게傳法偈를 지어 이렇게 전하였다.

春至百花爲誰開	봄이 오니 온갖 꽃, 누굴 위해 피는가.
東行不見西行利	동으로 가면 서로 가는 이익 보지 못하리.
白頭子就黑頭父	흰머리 아들이 검은 머리 아버지께 나아가니,
兩個泥牛戰入海	두 마리 진흙소가 다투다 바다에 들어가네.

스승과 제자가 이심전심以心傳心으로 나눈 마음의 대화를 어찌 한낱 지식으로 해석할 수 있겠는가! 그럼에도 불구하고 효봉으

로 가는 여정에서 느낌을 전하지 않을 수는 없는 일이다. 선사의 본뜻을 헤아리지 못해 눈썹이 빠진다면, 그것은 온전히 글쓴이의 몫이다.

추운 겨울이 지나고 봄이 오면 부처라는 이름의 온갖 꽃이 피어난다. 그런데 그 아름다운 꽃은 삼독으로 가득한 차안此岸이 아니라 저 너머 서쪽에 있는 피안彼岸의 세계에 피어 있다. 동쪽으로 향하면 서쪽의 이익, 즉 피안의 꽃밭을 볼 수 없는 이유다. 중생인 아들은 굳은 각오를 하고 붓다인 아버지가 계신 꽃밭을 향해 길을 나섰다. 과연 그곳으로 잘 갈 수 있을까? 그 길에서 운봉과 원명이라는 이름의 두 진흙소가 치열하게 싸우다가 바다에 들어갔다. 과연 운봉이 나올 것인가, 아니면 원명이 나올 것인가? 스승은 진리의 승자가 되어 당당하게 나오는 제자의 모습을 기대하면서 마음으로 응원하고 있었다.

스승의 응원을 받은 제자는 목숨 건 마지막 한판 대결을 위해 진리의 바다로 들어갔다. 그 바다가 다름 아닌 금강산 법기암法起庵 뒤쪽에 위치한 진흙으로 만든 작은 토굴이었다. 43세가 되는 1930년 어느 늦은 봄, 그는 삼독에 찌든 중생의 업業을 모두 털어 내고 부처라는 본질과 하나 되기 전까지는 결코 나오지 않으리라 다짐하고 무문관無門關에 들어갔다. 글자 그대로 문이 없어서 나올 수 없는 방으로 진흙소가 들어간 것이다. 깨치기 전에는 결코 나오지 않겠다고 들어간 무서운 방이다. 깨침을 향한 그의 마음이 얼마나 간절했는지 알 수 있는 대목이다. 그렇게 토굴에서는 두 마리 진흙소가 싸우고 있었다.

어느덧 1년 6개월이라는 시간이 훌쩍 흐른 어느 날 토굴의 벽을 박차고 소 한 마리가 나왔다. 마침내 원명이 운봉을 압도하고 무문관 수행을 마친 것이다. 처음에는 3년을 예정하고 들어갔는데, 용맹정진 끝에 시간을 반으로 줄여서 나온 것이다. 스승의 입가에 미소가 번진다. 그리고 마음으로 제자에게 한마디 전한다.

'내 그럴 줄 알았다. 넌 원래(兀) 밝았으니까(朙).'

견성의 노래

사자의 외침

석가모니 붓다나 위대한 고승의 설법을 가리켜 흔히 사자후獅子吼라고 한다. 사자의 외침이라는 뜻이다. 사람들은 붓다가 태어나면서 "하늘 위, 하늘 아래 나 홀로 높다(天上天下 唯我獨尊)."는 사자후를 외쳤다고 말한다. 아무런 거칠 것 없이 당당하게 자신의 소신을 밝힐 때도 이런 표현을 쓴다. 어디에도 얽매이지 않고 자유롭게 살아가는 사자의 모습에서 이런 비유가 나온 것 같다.

문득 니체(Friedrich Wilhelm Nietzsche, 1844~1900)의 『차라투스트라는 이렇게 말했다』라는 책이 생각났다. 스무 살 시절 이 책을 처음 접하고 마음속에 깊은 울림이 일었다. 시장 한가운데서 "신은 죽었다."고 외치는 광인의 모습에 묘한 매력을 느꼈던 것 같다. 서구 중세사회는 종교라는 이름으로 인간의 욕망과 자유를 억압하던 시대였다. 니체는 그러한 시대의 종말을 고하고 자유가 살아

숨쉬는 새로운 미래를 자기만의 방식으로 열고 있었다.

　니체는 이 책 서문에서 낙타와 사자를 등장시켜 인간 정신의 수준을 설명하였다. 낙타는 인간이 등 위에 짐을 실으면 무조건 앞으로 가야 한다. 이 동물은 인간이 시키는 대로만 하면 먹을 것과 사랑을 주지만, 그것을 거부하면 가만두지 않는다. 낙타는 자신의 의지와는 관계없이 '~해야 하는(You should)' 정신을 나타낸다. 반면 사자는 낙타와 달리 그 누구의 간섭도 없이 가고 싶은 곳이 있으면 어디든 갈 수 있는 존재다. 사자는 바로 '~하고자 하는(I will)' 인간의 자유의지를 상징하고 있다. 물론 우리가 지향해야 할 정신은 낙타가 아니라 사자다. 니체는 낙타의 삶을 강요하는 중세의 종교적 세계관은 이미 사망했음을 선언하고 자유롭고 당당하게 살아가는 인간을 그리고자 하였다. 사자라는 멋진 동물을 통해서 말이다.

　이를 불교식으로 해석하면 낙타는 중생의 삶에, 사자는 부처의 삶에 가깝다고 할 수 있다. 중생은 과거의 업에 이끌려 '~해야만 하는', 혹은 '~할 수밖에 없는' 삶을 사는 존재이기 때문이다. 반면 부처는 이러한 과거의 업을 모두 비우고 자기 운명의 주체가 되어 '~하고자 하는' 삶을 사는 존재다. 자신의 생각(生覺)대로 살면 잠자고 있던 삶(生)이 깨어나지만(覺), 그렇지 않으면 업에 구속된 채

사는 대로 생각할 수밖에 없다. 이것이 중생의 실존이다. 낙타가 아니라 사자의 삶을 지향해야 하는 이유가 바로 여기에 있다.

1년 6개월 동안 토굴에서 자신의 업과 치열하게 싸우던 효봉은 마침내 문 없는 문을 박차고 세상 밖으로 나왔다. 자신을 둘러싸고 있던 안개 가득한 실존에서 벗어나 마침내 당당한 봉우리를 밝게 드러낸 것이다. 어쩌면 이것은 낙타의 삶을 청산하고 사자의 삶으로 질적 전환을 이룬 대사건이었다. 길게 자란 머리카락과 덥수룩한 수염, 금방 쓰러질 것 같은 초췌한 모습이었지만 그의 눈빛만은 또렷이 빛나고 있었다. 그리고 그의 입에서는 사자의 외침이 거침없이 흘러나오고 있었다.

海底燕巢鹿抱卵	바다 밑 제비집에 사슴이 알을 품고
火中蛛室魚煎茶	타는 불 속 거미집엔 물고기가 차를 달이네.
此家消息誰能識	이 집안 소식을 뉘라서 알랴.
白雲西飛月東走	흰 구름은 서쪽으로 달은 동쪽으로.

선사의 오도송悟道頌, 즉 깨침의 노래다. 깨침은 나와 세계, 실존과 본질 사이를 가로막고 있던 벽이 깨지는 체험이다. 그렇게 벽이 깨지면 우주가 온통 하나일 뿐이다. 둘이라면 어떻게 바다

밑에 제비집이 있을 수 있으며, 그곳에서 사슴이 알을 품을 수 있겠는가. 불 속 거미집에서 고기가 차를 달이는 것은 상상도 할 수 없는 일이다. 벽이 깨졌기 때문에 이 모든 일이 가능해진 것이다. 이러한 소식을 어찌 지식으로 알 수 있겠는가. 의상대사가 「법성계 法性偈」에서 외친 사자후가 떠오르는 이유다.

"오직 깨쳐서 알 바지 다른 경계가 아니다(證智所知非餘境)."

흰 구름은 서쪽으로, 달은 동쪽으로 가고 있는데 글쓴이의 눈썹은 오늘도 어김없이 빠질 것 같다.

정진 또 정진

효봉은 서른여덟이라는 늦은 나이에 출가해서 마흔넷에 드디어 한 소식을 깨치게 되었다. 훗날 한국불교의 새벽 봉우리로 우뚝 서게 되는 큰 인물이 중생이라는 알을 깨고 새로운 부처로 탄생한 것이다. 많은 사문들은 물론 민족의 영산인 금강산 일만 이천 봉우리도 견성도인의 출현을 축하해 주고 있었다.

　그는 깨친 이후에도 끊임없는 정진을 이어 갔다. 깨침은 공부를 마치는 것이 아니라 새로운 시작이기 때문이다. 이듬해인 1932년 사월 초파일 그는 마침내 동선東宣 화상을 계사로 구족계具足戒를 수지하고 정식 비구가 되었다.

효봉은 만공 선사를 모시고
유점사에서 입승 소임을 보면서
눈 푸른 납자들과 용맹정진을 이어 나갔다.
어느 날은 7일간이나 앉은 채로
선정삼매에 든 적도 있었다.

당시 금강산 유점사에는 선지식으로 추앙받던 만공(滿空, 1871~1946) 선사가 조실(祖室)로 주석하면서 후학들을 지도하고 있었다. 만공은 서슬 퍼런 일제의 탄압 아래에서도 당당하게 조선 선승(禪僧)의 기개를 떨친 인물이다. 그는 일제의 단발령에 반발해서 승려임에도 불구하고 머리카락을 기르기도 하였다. 어디 그뿐이던가. 미나미 지로(南次郎) 총독 앞에서 주장자를 내리치면서 일본 정부는 조선불교에 간섭하지 말라고 사자후를 외쳤던 선사다. 많은 승려들이 일제의 무력 앞에 무릎을 꿇고 낙타와 같은 삶을 살았다면, 만공은 온몸으로 이를 뿌리치고 청정 승가의 전통을 지키기 위해 당당하게 사자의 길을 걸어갔다.

효봉은 만공 선사를 모시고 입승(立繩) 소임을 보면서 눈 푸른 납자들과 용맹정진을 이어 나갔다. 입승이란 선원의 규율을 책임지는 수좌를 가리키는 말이다. 어느 날은 7일간이나 앉은 채로 선정삼매에 든 적도 있었다. 함께 정진하던 도반들은 걱정과 놀라움으로 지켜보았지만, 이레가 지나자 효봉은 삼매에서 깨어났다. 그리고 옆에 있던 수좌에게 지금이 몇 시냐고 묻는다. 이 장면을 지켜보던 만공 선사는 다음과 같은 게송으로 효봉의 정진을 찬탄하였다.

七日精進衆	이레 동안 정진하던 대중들
佛唱三昧中	불창삼매에 들었다가
忽惺無我佛	문득 깨어나니 나도 부처도 없고
萬事意自在	모든 일에 그 마음 자재하네.

이 게송은 '7일 정진 중에 운봉 화상이 시간을 잊고 묻기에 문득 지은 시(七日精進中 雲峰和尙 時間忘却 問時-次忽出詩)'라는 제목의 글이다. 만공은 대중들이 이 게송을 읽고 정진할 수 있도록 '칠일정진시七日精進詩'라는 이름으로 선방 벽에 붙여 놓았다. 나와 너, 중생과 부처의 경계가 모두 깨지고 하나인 세계 속에서 자유자재한 효봉의 깨친 경지를 찬탄하고 있는 것이다.

효봉이 유점사에서 정진을 이어 가고 있을 때 예기치 않은 만남이 이루어진다. 평양 복심법원에서 함께 근무했던 이마무라(今村) 판사가 금강산을 유람하던 중 그곳에 들렀다가 우연히 그를 알아본 것이다. 효봉은 자신의 과거에 대해서 비밀을 지켜 달라고 당부했지만, 그가 주지에게 발설하는 바람에 출가 전의 이력이 드러나고 말았다. 이 소문은 순식간에 여기저기 퍼지게 되었다. '판사 중'이라는 또 하나의 별명이 탄생하는 순간이다.

사문에게는 출가 이전보다 이후의 삶이 훨씬 중요하다. 그래서

간혹 세속의 삶을 전생前生이라 부르는 이도 있다. 효봉에게도 과
거의 삶은 그저 전생일 뿐이었다. 우리가 한 인물의 출가 이전의
삶을 살펴보는 것은 그가 어떤 문제의식을 가지고 발심, 출가했
는지를 알아보기 위해서다. 그래야 수행자의 총체적인 삶이 그려
지기 때문이다.

인연생인연멸因緣生因緣滅이라 했던가. 효봉은 과거의 행적이 드
러나자 금강산과의 인연이 다했음을 직감하고 그곳을 떠나기로
결심한다. 그의 앞에 어떤 새로운 인연이 기다리고 있을까?

금강산을 떠나며

인연의 끝자락

존재하는 모든 것은 인연에 의해 생겼다가(因緣生) 인연이 다하면 소멸하는(因緣滅) 다이내믹한 과정 속에 있다. 불교에서는 이를 무상無常이라 한다. 영원한 것이 없다는 뜻이다. 그렇다고 이를 슬퍼하거나 허무하게 느낄 필요는 없다. 인연이 다한다 해도 우리 삶을 풍족하게 채워 줄 새로운 인연이 기다리고 있으니 말이다.

예컨대 봄에 핀 아름다운 벚꽃도 인연이 다하면 떨어지지만, 철쭉과의 새로운 인연이 우리를 기다리고 있다. 뜨거운 여름 태양과도 이별을 해야 가을 단풍과 만날 수 있고 가을과도 인연이 다해야 겨울에 내리는 첫눈을 설렘으로 맞이할 수 있다. 이러한 세상 이치에 순응하면서 인연이 찾아왔을 때 최선을 다해 순간순간을 소중히 가꾸면 되는 일이다.

효봉의 삶에도 수많은 인연들이 다가왔다가 떠나가곤 했다. 그 가운데서도 금강산과의 인연은 그에게 특별한 의미를 지닌다. 엿 장수에서 출가 사문으로, 중생에서 부처로 질적 전환을 이룬 공 간이기 때문이다. 독립군에게 사형을 선고한 죄책감으로 효봉은 엿장수 생활을 하면서 참회의 시간을 가져야만 했다. 앞으로 어 떻게 살아야 할지에 대한 고민으로 밤을 지새울 때 금강산은 그 를 품에 안고 마음을 낼 수 있도록 위로와 격려를 아끼지 않았다. 정말이지 효봉에게 금강산은 '발심發心의 산'이었던 것이다. 스승 석두 화상과의 만남으로 그는 출가를 하고 치열한 정진 끝에 마 침내 한 소식을 듣게 되었다. 이 맑고 고운 금강산이 효봉에겐 은 혜의 공간이었다.

효봉은 지난 시간을 돌이켜보았다. 서른여덟이라는 늦은 나이 에 출가했으니 10년 가까운 세월이 흐른 셈이다. 금강산은 그에 게 마음의 고향이자 삶의 베이스캠프 같은 곳이었다. 안거를 마 치고 자신이 공부한 내용을 점검받기 위해서 스승을 찾아 여러 지역을 돌아다녔어도 다시 돌아온 곳은 금강산이었다. 그곳은 효 봉을 깨달음으로 이끈 스승과 도반들, 그를 응원하는 일만 이천 봉우리가 있는 거룩한 공간이다. 그곳을 떠난다는 생각을 한 번 도 해 보지 않은 이유다. 하지만 인연생인연멸因緣生因緣滅의 법칙

이 여기서만 예외일 수는 없다. 만나면 반드시 헤어지는 것은 거스를 수 없는 인연의 작용이었던 것이다.

효봉은 금강산 유점사에서 우연찮게 자신의 과거가 드러나고 말았고 순간 그는 금강산과의 인연이 다했음을 직감할 수 있었다. 그는 과거를 버리고 금강산에 온 것이 아니라 수없이 부서지고 부서진 자신의 업業을 통째로 짊어지고 온 방문객이었다. 방문객은 은혜의 공간에서 출가와 견성이라는 막중대사를 훌륭히 해냈다. 이제 자신이 깨친 진리를 대중들에게 전하기 위해 그곳을 떠나야 한다. 이것이 붓다를 위시한 수많은 출가 사문이 걸었던 길이다.

금강산을 떠나기 전에 뭔가 은혜를 갚고 싶다는 생각을 하고 있을 때였다. 마침 자신이 머물고 있던 유점사에서 토지와 관련된 문제가 발생하였다. 본래 사찰 소유의 임야였는데, 소송이 벌어져 1심에서 사찰 측이 지게 된 것이다. 토지를 빼앗길 상황에서 효봉은 사찰 측에 법률적인 도움을 주었고 마침내 2심에서 승소를 할 수 있었다. 지우고 싶었던 '전생前生'의 업이 금강산의 은혜에 보답할 줄 누가 알았겠는가. 그의 마음이 조금은 가벼워진 듯 입가에 작은 미소가 일었다.

1935년 겨울, 동안거를 마친 효봉은 스승인 석두 선사에게 하직 인사를 드리고 금강산을 떠난다. 마흔여덟, 그는 인연의 끝자락에 서서 잠시 멈칫했다. '언제 다시 이곳을 찾을 수 있을까?' 견성도인의 인심人心이 이렇게 아쉬움을 토하고 있었다. 그는 또 다른 베이스캠프를 찾아 남쪽을 향해 발걸음을 옮겼다.

그는 설악산雪嶽山 봉정암峰頂庵에 잠시 머물면서 그해 하안거를 마쳤다. 그곳에서 당대 선지식인 동산東山, 청담靑潭 선사와 함께 정진을 이어 갔다. 설악의 정기는 그를 어디로 인도할까? 어느덧 그의 발걸음이 오대산五臺山을 향하고 있었다.

물거품 인생

이름에는 그것을 지어 준 이의 마음이 담겨 있기 마련이다. 이렇게 살았으면 좋겠다는 바람이나 그 사람의 인품에 대한 생각들 말이다. 돌림자의 경우 어쩔 수 없지만 여기에도 부르는 이름, 즉 다양한 호號들이 준비되어 있다. 스승이 제자에게 혹은 벗이 벗에게 이름을 주면서 서로의 마음을 전하고 있는 것이다. 불교에도 법명法名 이외에 법호法號가 별도로 있어서 두 이름을 함께 쓰고 있다. 예컨대 효봉학눌이라고 할 때 효봉은 법호, 학눌은 법명에 해당된다.

군대 훈련병 시절 내 의지와 관계없이 법명을 받은 적이 있다. 당시 종교 활동으로 불교를 선택했는데, 이유는 단순했다. 그 시간에 법회를 하지 않고 잠을 재워 줬기 때문이다. 하루에 3~4시간밖에 못 자는 훈련병의 처지에서 먹을 것으로 유혹하는 개신교나 천주교보다 불교가 더 매력적으로 다가왔던 것이다. 그런데 훈련소 마지막 법회 시간에 갑자기 수계식을 하는 것이었다. 어떤 친구는 교회를 다닌다고 울먹였지만 아무런 소용이 없었다. 그 안에 있던 우리 모두는 팔을 걷어 연비燃臂를 하고 법명이라는 낯선 이름을 받게 되었다.

그때 받은 이름이 그리 나쁘지 않았지만, 원해서 받은 이름이 아니어서 그런지 마음에 들지 않았다. 불교에 입문한 후에도 여러 법명을 받았지만 좋은 이름과는 인연이 없었던 것 같다. 그래서 존경하는 스승님께 부탁을 드렸더니 일야一也라는 법명을 주셨다. '하나'라는 뜻도 있지만, 소리 나는 대로 발음하면 '이랴, 이랴!'가 된다. 소가 가지 않을 때 채찍질하는 소리로 늘 정진하라는 의미가 담겨 있다. 그 의미를 마음에 새기고자 신문이나 잡지에 글을 쓰거나 책을 낼 때 본명 대신 '이일야'라는 또 다른 이름을 사용하고 있다.

효봉은 스승인 석두 선사로부터 운봉원명雲峰 元明이라는 이름을 받았지만, 그 외에도 여러 스승에게 다양한 의미가 담긴 법호를 받았다. 특히 글쓴이의 눈에 띄는 것은 한암(漢岩, 1876~1951)과 만공 선사로부터 받은 포운泡雲과 선옹船翁이라는 법호다. 제자를 향한 스승의 마음이 느껴졌기 때문이다. 한암과 만공은 끊어진 선불교의 명맥을 되살려 한국불교의 중흥조로 평가 받는 경허(鏡虛, 1849~1912) 선사의 제자로 둘 다 당대 최고의 선지식으로 추앙받던 인물들이다.

설악산을 떠난 효봉은 오대산 상원사上院寺에서 가던 걸음을 멈췄는데, 당시 그곳에는 한암 선사가 조실로 주석하고 있었다. 그는 청량선원에서 선사를 모시고 동안거를 보내게 된다. 이때 스승은 효봉에게 포운泡雲이라는 법호와 함께 전법게傳法偈를 내려준다.

茫茫大海水中泡	망망한 대해의 물거품이요,
寂寂深山峰頂雲	적적한 깊은 산봉우리의 구름이네.
此是吾家無盡寶	이것이 우리 집안의 다함이 없는 보배이니,
灑然今日持贈君	시원하게 오늘 그대에게 주노라.

설악산을 떠난 효봉은 상원사에서 가던 걸음을 멈췄다.
당시 그곳에는 한암 선사가 조실로 주석하고 있었다.
그는 청량선원에서 선사를 모시고 동안거를 보내게 된다.
이때 스승은 효봉에게 포운이라는 법호와 함께 전법게를 내려 준다.

한암 선사가 누구던가. 그는 일제가 한국불교를 말살하기 위한
목적으로 사찰령을 발표하자 청정 승가의 전통을 지키기 위해 전
국의 뜻있는 승려들을 모아 조계종을 창립하고 초대 종정에 오른
인물이다. 바로 그가 자신이 깨친 진리, 마음의 소식을 효봉에게
시원스레 전하고 있는 것이다. 이런 바람도 함께 담겨 있지 않았
을까.

"내 그대에게 주었으니,
조선의 중생들을 위해 널리 전해 주시게."

우리 삶은 물거품(泡)이나 구름(雲)처럼 공^空한 바탕이지만, 그 공간에는 우리의 삶을 윤택하게 해 줄 불성^{佛性}이라는 보배가 가득 차 있다. 그러나 「법성게」의 지적처럼 "중생들을 이롭게 하는 보배 비가 허공에 가득하지만(雨寶益生滿虛空), 중생들은 그릇에 따라 이익을 얻을 뿐이다(衆生隨器得利益)." 효봉은 커다란 그릇으로 다함이 없는 보배를 가득 담았다. 자신이 아니라 중생들을 구제하기 위해서다. 그 보배 비를 품은 물거품 인생, 새벽 봉우리(曉峰)가 남쪽을 향해 움직이고 있었다.

뱃사공의 길

수덕사 가는 길

어쩌다 보니 이제야 첫 여정을 시작하게 되었다. 그동안 코로나19의 영향으로 답사를 못한 측면도 있지만, 효봉이 출가하고 수행한 곳이 주로 북한에 위치해 있기 때문에 어쩔 수 없는 상황이었다. 이제 효봉이 금강산과의 인연을 뒤로하고 새로운 인연을 찾아 남쪽으로 내려오는 과정을 그려야 한다. 그의 발자취를 좇아 어디든 갈 수 있게 된 것이다. 어디를 먼저 찾을까 고심한 끝에 첫 발자국을 수덕사에 찍기로 했다. 이유는 단순했다. 효봉에게 선옹船翁이라는 법호와 함께 전법게傳法偈를 내려 준 스승 만공선사의 마음을 느끼고 싶어서다. 그는 왜 제자에게 선옹이라는 법호를 내려 준 것일까? 오늘 풀어야 할 화두다.

그동안 구산선문九山禪門이나 화엄10찰, 보조국사 지눌 등을 주제로 여러 곳을 답사하였다. 그때는 답사가 특별한 일이 아니라 즐거운 일상이었다. 그런데 코로나 바이러스는 그 평범한 일상을 모두 멈추게 하였다. 사람들은 비로소 그것이 얼마나 소중한 일인지 깨닫기 시작하였다. 나라고 예외일 수 있겠는가. 오랜만에 떠나는 길이 무척 설레는 이유다. 수덕사 가는 길에 어떤 인연들이 기다리고 있을까?

효봉은 금강산을 떠나 어디를 베이스캠프로 정할지 고민하였다. 그 과정에서 설악산 봉정암과 오대산 상원사, 태백산 정암사 등으로 운수행각을 떠난다. 유서 깊은 도량에서 당대 최고의 선지식인 동산, 청담, 한암 선사 등과 함께 수행을 이어 나간다. 그리고 50세가 되는 1937년, 이곳 덕숭산德崇山 수덕사修德寺 말사인 정혜사定慧寺 능인선원能仁禪院에서 만공 선사를 모시고 안거를 지낸다. 이때 스승은 선원 아래 위치한 소림초당小林草堂에서 제자에게 선웅이라는 법호와 함께 전법게를 내린다. 글쓴이를 이곳으로 이끈 소림초당, 그곳은 과연 어떤 모습일까 무척 궁금했다.

초가을 느낌이 물씬 풍기는 어느 날 수덕사를 찾았다. 20여 년 만에 찾은 탓인지 모든 것이 낯설게 다가온다. 마치 처음 온 것 같다. 일주문을 지나 대웅전에 참배하고 이곳저곳을 마음에 담아 보았다. 만공 선사가 직접 쓴 세계일화世界一花라는 편액이 눈에 확 들어왔다. 본래 당나라 시인이자 화가인 왕유(王維, 699~759)가 쓴 육

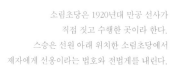

"치우침 없는 바른 도리를
이제 선옹에게 부촉하니,
밑 없는 배를 타고
흐름 따라 묘한 법 드러내라."

소림초당은 1920년대 만공 선사가
직접 짓고 수행한 곳이라 한다.
스승은 선원 아래 위치한 소림초당에서
제자에게 선옹이라는 법호와 전법게를 내린다.

조혜능의 비명碑銘에 있는 "세계일화 조종육엽世界一花 祖宗六葉"이라
는 구절에서 나온 말이다. 세계가 한 송이 꽃이며, 초조달마로부
터 육조혜능에 이르는 조사들의 종풍을 여섯 잎으로 표현한 것이
다. 선禪의 황금기를 이끌었던 선사들의 향기가 느껴졌다. 또한
코로나 바이러스가 세계는 서로 떼려야 뗄 수 없는 하나라는 것
을 확인시켜 줬다는 사실이 묘하게 다가왔다.

경내를 뒤로한 채 등산로를 따라 소림초당을 향해 걸음을 옮
겼다. 초당은 1920년대 만공 선사가 직접 짓고 수행한 곳이라 한
다. 초가을이라 하지만 햇볕은 따가웠다. 이마 위로 계속 땀이 흘

러내려 오르는 도중 계곡 물에 얼굴을 씻기도 하였다. 무척 시원했다. 얼마를 더 오르니 조그만 다리가 나왔다. 건너기만 하면 초당인데, 출입금지라고 쓰인 안내판이 앞을 가로막고 있어서 망설여진다. '몇 발자국밖에 안 되는데, 한번 건너 볼까.' 생각하는 찰나 다리 곳곳에 금이 가 있는 모습이 눈에 들어왔다. 다리 중간은 이미 내려앉고 있었다. 위험한 상황이라 조금 떨어진 거리에서 작은 초가집을 바라보았다. 만공 선사의 붓끝이 이렇게 움직이고 있었다.

無偏正道理	치우침 없는 바른 도리를
今付船翁子	이제 선옹에게 부촉하니,
駕無底船	밑 없는 배를 타고
隨流得妙也	흐름 따라 묘한 법 드러내라.

스승이 제자에게 새로운 이름과 함께 법을 전한 내용이다. 그러나 오늘의 내겐 풀어야 할 숙제다. 왜 선사는 효봉에게 선옹이라는 법호를 내렸을까? 그리고 밑 없는 배를 타고 흐름 따라 묘한 법을 드러내라는 것은 무슨 의미일까? 커다란 벽이 앞을 가로막고 있는 느낌이다. 마음으로 전한 선사들의 법法을 오늘도 머리로 해석하려고 하니, 남아날 눈썹이 없을 것 같다. 그래도 숙제는 해야 한다.

뱃사공의 길

계속 산으로 올라갔다. 정혜사 능인선원까지 가는 것이 오늘의 목표다. 산을 오르다 보니 만공 선사가 조성한 관음보살입상이 나왔다. 삼배를 올리고 보살상 옆에 감로수가 있어서 잠깐 목을 축이고 좀 더 올라갔다. '만공탑'이라 쓰인 선사의 부도가 보였다. 이 탑은 문화재 제473호로 등록되었는데, 전통 방식이 아닌 우리나라 최초의 현대식 승탑이라고 한다. 세 개의 기둥 위에 놓인 보름달 모양의 둥근 조형물이 인상적이다. 그곳에서 땀을 식히며 선사에게 오늘 숙제의 힌트 좀 달라고 졸랐건만 좀처럼 반응이 없다. 영화 〈나랏말싸미〉에서도 신미(信眉) 대사가 그러지 않았던가. 밥은 빌어먹을 수 있어도 진리는 빌어먹지 못한다고 말이다. 어쩔 수 없다. 스스로 찾을 수밖에.

정혜사 능인선원에 도착했으나, 문이 굳게 닫혀 있어서 발길을 돌려야 했다. 다시 만공탑이다. 효봉의 제자였던 고은 시인이 그랬던가. 올라갈 때 못 본 꽃, 내려갈 때 보았다고. 올라갈 때는 탑을 정면에서만 보았는데, 내려올 때는 가까이 가서 왼쪽 측면을 살펴보았다. 거기에는 '온갖 풀이 부처의 어머니(百艸是佛母)'라는 글귀가 새겨져 있었다.

중생의 눈으로 보면 한낱 잡초에 불과하지만, 깨친 눈으로 보면 풀들 역시 이 세계를 아름답게 장엄하는 부처와 다름이 없다. 그 풀들은 온갖 동물들의 양식이 되고 인간은 동물들에 의지해서 삶을 유지하고 있지 않은가. 그러니 하찮게 생각하는 풀이 실은 인간이라는 부처를 먹여 살리는 어머니(佛母)였던 것이다. 역시 어느 시인의 말처럼 자세히 보아야 예쁘고 오래 보아야 사랑스러운 법이다. 모두가 그렇다.

그래서 풀들뿐만 아니라 구름과 비, 나무 할 것 없이 모두가 부처의 어머니다. 저 풀 한 포기에서부터 인간에 이르기까지 모든 생명은 하나로 연결되어 있는 연기적 존재인 것이다. 이를 지적하듯 부도 왼쪽 면에도 세계일화라는 글씨가 함께하고 있었다. 그런데 문제는 이러한 가르침이 생각 차원에만 머물러 있을 뿐 일상에서 실천되지 않는다는 것이다. 오늘날 우리가 겪고 있는 기후 변화, 생태계 파괴 등의 문제도 결국 인간과 자연이 하나라는 구호만 외쳤을 뿐 실제로는 거꾸로 자연을 해친 결과가 아니겠는가. 이를 꾸짖기라도 하듯 바로 옆에 이런 글귀가 쓰여

만공탑

있었다.

"천 번 생각하는 것이 한 번 행하는 것만 못하다(千思不如一行)."

나를 향한 사자후 같아서 뜨끔했다. 문득 이것이 오늘 숙제의 힌트가 아닐까 싶었다. 이곳에서 스승은 효봉에게 선옹船翁, 즉 뱃사공이라는 법호를 내렸다. 뱃사공은 사람들을 이곳에서 저곳으로 건네주는 역할을 한다. 효봉은 진리를 깨친 선옹이기 때문에 중생들을 괴로움이 가득한 이곳에서 피안彼岸의 땅으로 이끌어야 한다. 그가 출가 이후 '절구통 수좌' 소리를 들으면서 처절한 정진을 이어 간 이유도 여기에 있다.

스승은 제자에게 공부도 할 만큼 했고 한 소식도 들었으니, 이제 중생들을 진리의 세계로 이끄는 뱃사공이 되라고 선옹이라는 이름을 준 것이 아닐까? 그런데 중생들을 태우는 배는 밑이 없기 때문에 잘못하면 쉽게 가라앉을 수 있다. 그러니 뱃사공은 바람을 거스르지 말고 흐름에 따르면서 지혜롭게 중생들을 이끌어야 한다.

생각이 여기에 미치자 제자를 생각하는 스승의 마음이 느껴졌다. 문득 5조 홍인이 6조 혜능을 떠나보내는 장면이 떠올랐다. 홍인이 혜능에게 법을 전하고 제자를 보내기 위해 배에 오르는데, 스승이 노를 저어 건네주려 하자 제자는 이렇게 말한다.

"제가 미혹했을 때는 스승님께서 건네주셨지만, 깨치고 나서는 스스로 건너는 것이 옳은 것 같습니다."

어쩌면 스승을 향한 효봉의 마음도 이런 것이 아니었을까. 효봉은 스승을 떠나 홀로 노를 저어 남쪽으로 향했다. 중생들을 깨침의 세계로 인도하기 위해서 말이다. 과연 길잡이의 새로운 삶은 어떻게 펼쳐질까? 그를 따라 나의 발걸음도 남쪽으로 향해야 할 것 같다.

'효봉曉峰'의 탄생

효봉, 송광사 오다

언제나 그렇듯 송광사 가는 날엔 설렘이 앞선다. 그 길에서 만나는 인연들에 흠뻑 반했기 때문이다. 오늘도 섬진강의 맑은 바람은 내 심장을 여지없이 두드린다. 알 수 없이 다가오는 그 떨림이 마냥 좋다. 송광사 경내에 들어서면 하늘을 향해 길쭉이 뻗은 편백나무와 승보사찰이 뿜어내는 수행의 향훈, 그리고 존경하는 스승님의 인자한 미소가 기다리고 있으니 더 말해 무엇 하겠는가. 일상에서 지칠 때면 이곳을 찾아 그 맑은 기운을 흠뻑 안고 돌아오곤 한다. 그 청정한 기운이 삶 속으로 스며들면, 경계를 만나도 먹히지 않고 가볍게 웃어넘길 수 있다. 청정 수행 도량 송광사가 내게 주는 선물이다.

이번 송광사 답사는 효봉을 주제로 한 여정이어서 다른 때보다 특별한 의미를 지닌다. 이곳은 대중들에게 널리 알려진 '효봉'이라는 법호가 탄생한 공간이다. 그동안 그는 스승 석두 화상으로부터 받은 운봉원명雲峰元明이라는 이름을 쓰고 있었다. 물론 한암과 만공으로부터 포운, 선웅 등의 법호를 받았지만, 주로 사용한 이름은 원명이었다. 그런데 이곳 송광사에 주석하면서 그는 효봉이라는 새로운 법호를 보조지눌의 16세 법손인 고봉(高峰, 1350~1428) 국사로부터 받게 된다. 그것도 꿈속에서 말이다. 600여 년 전의 인물에게 몽중설법夢中說法을 듣고 이름을 받다니, 이게 도대체 어찌 된 일일까? 그리고 이 사건에는 어떤 의미가 담겨 있을까? 이번 여정에서 풀어야 할 숙제다.

금강산도 식후경이라 했던가. 송광사에 도착하자마자 우리 일행은 스승님을 모시고 마음의 점(點心)부터 찍었다. 휴일이라 그런지 사람들이 많이 보인다. 코로나 바이러스로 지친 이들에게 맑은 기운이 넘치는 이곳보다 더 좋은 안식처는 없을 것 같았다. 오늘은 스승님의 안내와 해설을 들으면서 이곳저곳을 살펴보았다. 어른들을 모시고 답사를 하다 보면, 평소에 듣기 힘든 비하인드 스토리를 접할 수 있어서 참 좋다. 그러면 답사한 공간과 인물, 거기에 담긴 인문학적 의미 등을 폭넓게 이해할 수 있다. 오늘도 역시 그랬다.

효봉은 평생 무자 화두에 정진했다.
그는 열반에 드는 순간까지도
이 화두를 놓지 않았다.
이승에서 남긴 그의 마지막 말도
'무라, 무라!'였다.
그 치열했던 정진의 문 앞에
지금 서 있는 것이다.

효봉 선사의 향훈이 많이 남아 있는 효봉영각晩峰影閣을 먼저 찾았다. 입구에 무무문無無門이라 쓰인 현판이 먼저 눈에 들어왔다. 평생 '무無' 자 화두에 정진했던 선사의 모습이 그려진다. 그는 열반에 드는 순간까지도 이 화두를 놓지 않았다. 이승에서 남긴 그의 마지막 말도 '무라, 무라!'였다. 그 치열했던 정진精進의 문 앞에 지금 서 있는 것이다. 순간 중생심이 발동했다. 그 흔적이라도 남기고자 선사의 사리탑 앞에서 카메라 셔터를 눌러댔다. 사진 속 공간에도 수행의 향기가 함께하기를 바라면서.

효봉영각 바로 옆에 위치한 도성당道成堂의 영광루靈光樓라는 현판은 아직까지 굳건하게 승보도량을 지키고 있었다. 영광루는 효봉이 송광사에 와서 1944년 보수한 전각이다. 그는 이 건물을 짓고 기쁨에 넘쳐 시 한 편을 지었는데, 마지막 구절이 "이 누각 일어난 뒤로 도량이 새롭다(斯機起後道場新)."라고 되어 있다. 그의 바람대로 송광사는 신령스러운(靈) 빛(光)이 가득한 도량으로 새롭게 탈바꿈하였다. 영광이란 다름 아닌 우리들이 본래부터 갖추고 있는 참 모습(本來面目)이다. 그 보물을 찾기 위해 모여든 눈 푸른 납자들이 바로 이곳에서 수행의 빛을 환하게 뿜어냈던 것이다. 그 중심에 효봉이 있었다.

자리를 옮겨 삼일암三日庵으로 향했다. 이곳은 효봉이 송광사에 주석하면서 주로 머물렀던 곳이다. 역사적으로 송광사의 최고 어른인 방장이 사용하던 상징적인 공간이기도 하다. 삼일암에는 이름과 관련해서 재미있는 이야기가 전한다. 송광사 제9세인 담당국사湛堂國師가 이곳에 머물면서 샘물을 마시고 3일 만에 깨달음을 얻었다고 해서 붙여진 이름이라 한다. 지금도 그 영험하다는 영천靈泉의 물줄기가 끊이지 않고 있었다. 그냥 지나칠 수 없어서 샘물 한 모금을 입에 담았다. 시원하고 맛이 좋았다. 아차! 이곳 분위기에 취해 숙제를 잊을 뻔했다.

새벽 봉우리 드러나다

수덕사를 떠난 효봉은 1937년 50세의 나이로 송광사에 오게 된다. 그는 이곳에서 10년 정도를 보내게 되는데, 출가 생활 가운데 가장 오래 머문 도량이기도 하다. 처음 도착했을 때 효봉은 이곳이 마치 고향처럼 따뜻하고 포근하게 느껴졌다. 전생에 무슨 인연이라도 있었던 것은 아닌지 모를 일이었다. 당시 송광사는 16국사를 배출한 승보사찰의 면모는 사라지고 겨우 명맥만 유지하고 있었다. 지눌이 송광사를 정혜결사의 도량으로 장엄한 것처럼, 어쩌면 이곳을 다시 수행의 향기 가득한 곳으로 재건하라는 역사적 소명이 효봉에게 주어진 것은 아니었을까? 시절인연은 그렇게 찾아오고 있었다.

효봉이 송광사에 왔을 때 당시 강백으로 이름난 기산석진綺山錫珍이 주지를 맡고 있었다. 그는 금강산에서 내려온 눈뜬 선지식의 존재를 알고 있었다. 기산은 효봉을 조실祖室로 추대하고 삼일암에 머물도록 하였다. 이 소식이 전국의 선원에 전해지자 수많은 남자들이 모여들기 시작하였다. 이름만 들어도 알 만한 청담, 일타, 성철 등도 이때 송광사로 와서 공부한 선사들이다. 그동안 조용하던 도량이 수행의 향기로 물들면서 점차 승보사찰의 면모를 찾아가고 있었다.

효봉이 송광사에 주석한 지 1년 정도 지났을 무렵이었다. 어느 날 그의 삶에 전환점이 되는 기이한 사건이 벌어졌다. 고봉 화상이 꿈속에 나타나 법문을 하고 효봉이라는 법호까지 내린 것이다. 아무리 꿈이라지만 너무도 생생했다. 꿈에서 깨어난 제자는 스승의 가르침을 잊어버릴까 봐 얼른 붓을 들고 정성껏 옮기기 시작하였다. 1938년 음력 4월 28일의 일이었다.

煩惱盡時生死絶　　번뇌가 다할 때 생사가 끊어지고
微細流注永斷滅　　미세하게 흐르던 번뇌 영원히 사라지네.
圓覺大智常獨存　　원각의 큰 지혜 언제나 홀로 드러나니
卽現百億化身佛　　곧 백억 화신불이 나타나네.

이게 어찌 된 일인가! 그는 몽중법문을 받아 옮기면서도 믿기지가 않았다. 꿈속에서 고봉은 '삼일암 효봉 법자에게 내린다(示 三日庵 曉峰法子).'고 구체적으로 말하면서 게송을 준 것이다. 그는 왜 이런 일이 벌어졌을까 곰곰이 생각해 보았다. 비로소 자신이 송광사에 온 이유를 알 것 같았다. 그것은 바로 고봉에서 끊긴 보조지눌의 마음 닦는 수행 전통, 즉 목우가풍牧牛家風을 되살리라는 역사

示三日庵曉峰法子
煩惱盡時生起絶
微細流注永斷滅
圓覺大智常獨存
卽現百億化身佛
佛紀二九六五年四月二日晩
普照國師第十六世法孫
高峰說

要素聞說
覺後記得

효봉 스님의 몽중 수기

적 소명이었던 것이다. 그가 금강산에서 생사를 넘나드는 치열한
고행을 이어 간 것도 어쩌면 오늘을 위한 준비 과정이 아니었을까.

　이 사건을 계기로 그는 법호를 운봉雲峰에서 효봉으로 바꾸었
다. 운봉은 자신을 진리의 세계로 이끌어 준 스승 석두로부터 받
은 소중한 이름이다. 그렇기에 법호를 바꾼다는 것은 상상할 수
없는 일이지만, 이름에도 시절인연이 있는 것이 아니겠는가. 특
히 봉우리(峰)에 가득한 구름(雲)을 스스로의 힘으로 모두 걷어 내
고 밝게 드러냈으니(曉) 스승도 기뻐할 것 같았다. 이것은 석두가
내준 과제, 즉 원래(元) 밝은(明) 바탕을 드러내라는 문제를 푼 것이
기도 하다.

그 소식을 고봉은 몽중법어에서 '원각圓覺의 큰 지혜(大智)'를 드러내는 일이라고 하였다. 이를 모두 마쳤으니, 이제 그동안 잘 가꾼 지혜를 대중들을 위한 자비로 전환하는 일만 남았다. 이곳 송광사에서 말이다. 운봉에서 효봉으로의 전환에 담긴 의미도 바로 여기에서 찾을 수 있다.

송광사 경내를 눈에 담으면서 유독 관심이 가는 공간이 있었는데, 바로 설법전으로 올라가는 계단이었다. 숫자를 자세히 세어 보니 18계단이었다. 16세 고봉에서 끊긴 송광사의 수행 가풍이 17세 효봉에게 다시 이어지고 있었던 것이다. 그뿐만 아니라 효봉을 이은 또 다른 인물, 구산수련(九山秀蓮, 1909~1983)이 마지막 18번째 퍼즐을 완성하기 위해 기다리고 있었다. 송광사 여정을 여기에서 마칠 수 없는 이유다.

학눌學訥의 길

원명에서 학눌로

송광사를 찾은 그날, 전혀 예기치 못한 기분 좋은 만남이 있었다. 그동안 이런저런 인연으로 수없이 송광사를 다녀왔지만, 쉬이 갈 수 없는 전각들이 있었다. 그런데 마침 삼일암에 들렀다가 우연히 만난 시자 스님의 안내로 응진전應眞殿을 비롯하여 설법전說法殿과 국사전國師殿 등을 참배할 수 있었다. 응진전에 모셔진 독특한 모습의 불상과 나한상은 오래도록 기억에 남을 것 같다. 설법전과 수선사修禪社, 국사전을 지날 때는 나도 모르게 심장이 뛰고 있었다. 아마도 보조국사 지눌의 향기가 느껴졌기 때문일 것이다.

설법전은 지눌이 제자들에게 마지막 가르침을 전하고 입적한 곳이며 현재 선원으로 쓰이고 있는 수선사는 지눌이 당시 거실로 사용했던 공간이다. 그리고 국사전은 송광사의 자부심인 16국사의 진영을 모신 전각이다. 모두 대웅보전 위쪽에 자리하고 있는 승보도량의 향훈이 물씬 풍기는 공간이다. 몇 해 전 『안다는 것, 산다는 것』의 원고를 쓰기 위해 송광사를 찾았을 때도 가 보지 못한 곳을 『에세이 효봉』과의 인연으로 이렇게 참배하고 있는 것이다. 그야말로 운수 좋은 날이다.

효봉은 이곳 송광사에 주석하면서 고봉 화상으로부터 몽중설법을 듣고 법호를 운봉에서 효봉으로 바꾸었다. 그러나 아직 원명이라는 법명은 그대로 쓰고 있었다. 자신을 불법佛法의 세계로 이끈 석두 화상의 허락을 받는 게 도리라고 생각했기 때문이다. 효봉은 마침 금강산에 머물고 있던 스승을 송광사로 모시고 와서 함께 수행과 전법을 이어 나간다.

제자는 오랜만에 만난 스승에게 법명을 '학눌學訥'로 바꾸고 싶다는 뜻을 전한다. 글자 그대로 '지눌을 배운다.'는 뜻이다. 누구로부터 받은 이름이 아니라 마음속으로 지눌을 스승이라 생각해서 직접 지은 법명이다. 지눌은 비록 700여 년 전의 인물이지만, 효봉에게 시간은 중요하지 않았다. 「법성게」에서도 "한량없는 긴 시간이 곧 한 생각無量遠劫卽一念)"이라 하지 않았던가! 제자의 마음을 알아챈 화상은 기쁜 표정으로 흔쾌히 승낙한다.

훗날의 일이지만 효봉은 가야총림 해인사 초대 방장으로 주석하면서 "상세上世로는 육조혜능을 섬기고, 중세中世로는 조주 선사를 모시고, 하세下世로는 보조국사를 섬겨야 한다."고 말한 적이 있다. 그만큼 지눌을 마음으로 존경하고 있었다는 뜻이다. 학눌이라는 법명을 통해 그가 송광사에서 어떤 소명의식을 갖고 살았는지 어느 정도 헤아릴 수 있다. 그것은 다름 아닌 송광사를 선정과 지혜를 함께 닦는 정혜결사定慧結社의 도량으로 장엄하는 일이었다. 고봉 이후로 끊어진 수행 전통을 재정비해서 목우가풍牧牛家風을 재건하는 일, 그것이 바로 효봉이 조계산에서 해야 할 시대적 소명이었던 것이다.

실제로 효봉은 지눌이 그랬던 것처럼 눈 푸른 납자들과 함께 정혜결사운동을 실천해 나갔다. 송광사를 마음 닦는 도량으로 가꾸기 위해 그들은 네 가지 엄격한 규칙을 세우고 정진에 정진을 거듭하였다. 그것은 산문 밖을 나가지 않고洞口不出 오후불식午後不食과 장좌불와長坐不臥, 묵언默言 등을 실천하는 일이었다. 이러한 소식이 전국의 선원에 알려지자, 공부하려는 수좌들이 몰려들기 시작하였다. 조용하던 도량이 수행의 기운으로 가득 넘치고 있었다.

효봉은 승적도 자신이 출가한 금강산 신계사에서 조계산 송광사로 변경한다. 운봉원명에서 효봉학눌로의 변화가 완성된 것이다. 그는 이곳에서 대종사大宗師 품계도 받게 된다. 그가 삼일암에 주석하면서 제2의 정혜결사운동을 펼치는 동안, 송광사는 점차 승보사찰의 본래 모습을 찾아가고 있었다. 고봉 이후 오랫동안 끊어진 목우가풍, 조계선풍曹溪禪風이 이렇게 이어지고 있었던 것이다. 효봉과 송광사의 만남이 한국불교에 있어서는 그야말로 보배 비(雨寶)가 아니었을까 싶다. 그 보배 비가 일제 치하에서 신음하고 있는 대중들과 메마른 대지를 촉촉이 적셔 주고 있었다.

목우가풍의 전승

효봉이 송광사에 주석하는 동안 한국불교의 기둥이 된 구산수련(九山秀蓮, 1909~1983)이 출가를 하게 된다. 두 인물의 만남이 특별한 의미를 갖는 것은 구산이 효봉을 이어 목우가풍을 재건하는 데 결정적인 역할을 하기 때문이다. 그는 본래 남원 출신으로 속명은 소봉호蘇琫鎬이며 직업은 이발사였다. 그런데 청년의 몸에 갑자기 병이 생기자 누군가로부터 천수관음千手觀音 기도를 하면 나을 거라는 말을 듣고 영원사에서 100일 동안 기도한 끝에 병고로부터 벗어났다고 한다. 그 후 송광사에 견성도인이 머문다는 이야기를 듣고 효봉을 찾아와 사제의 인연을 맺게 된 것이다.

효봉은 그의 직업이 이발사라는 것을 알고 보통의 인연이 아니라고 생각했다. 붓다의 10대 제자 가운데 지계제일持戒第一 우바리 존자가 떠올랐기 때문이다. 우바리 역시 당시 귀족들의 머리를 깎아 주던 이발사였지만, 출가 후 계율을 가장 잘 지키고 열심히 정진하여 아라한의 경지에 오른 인물이다. 스승은 청년 이발사를 보고서 한국불교의 우바리 존자로 성장할 것이라 믿었다. 스승으로부터 수련秀蓮이라는 법명을 받은 구산은 훗날 효봉의 뒤를 이어 송광사 방장이 된다. 그는 스승의 믿음대로 한국의 우바리 존자가 되어 송광사를 제일의 수행도량으로 가꾼다.

송광사에는 전설 같은 이야기가 전해지고 있다. 송松이라는 한자를 분석해 보면 '십팔공十八公'이 되는데, 이곳에서 18명의 훌륭한 국사가 배출된다는 내용이다. 지눌로부터 시작된 국사의 전통이 16대 고봉에서 끊겼는데, 효봉이 이를 복원하고 구산이 뒤를 이음으로써 18국사가 완성되었다는 것이다. 생각이 여기에 이르면 설법전으로 올라가는 18계단이 예사롭게 보이지 않는다.

사람들은 뛰어난 인물이 등장하여 역사의 한 페이지를 장식하면 평범해 보이는 글자나 사물에도 이처럼 특별한 의미를 부여하기도 한다. 아무튼 효봉이 송광사를 수행도량으로 일으켜 세우고 구산이 이어받아 목우가풍을 전승했으니, 18국사 전설의 퍼즐이 맞춰진 셈이다.

송광사에는 효봉이 지은 아름다운 정자가 하나 있다. 절의 동쪽 계곡에 있는 수석정水石亭 근처를 산책하다가 좋은 곳이라 생각해서 지었다고 한다. 이름도 지눌의 자호인 '목우자牧牛子'를 따서 '목우정牧牛亭'이라 하였다. 글자 그대로 '소 치는 정자', 그러니까 마음공부 하기 좋은 공간이다. 몇 해 전 이곳을 거닐다가 우연히 발견했는데, 주련에 쓰인 글귀가 매우 인상적이다.

夜有夢者不入　　　　밤에 꿈이 있으면 들어가지 못하고,
口無舌者當住　　　　입에 혀가 없어야 머무를 수 있다.

마음이 번뇌, 망상으로 들끓고 말이 많은 사람은 들어오지 말라는 뜻이다. 거꾸로 해석하면 번뇌를 모두 끊고 들어오라는 의미가 된다. 목우정과 관련하여 〈법보신문〉에 실린 흥미로운 이야기를 잠시 전하고자 한다.

이 주련은 본래 석두 화상이 써서 걸어 둔 것인데, 불모佛母로 널리 알려진 석정石鼎 스님이 글귀가 마음에 들어 진주 의곡사義谷寺

목우정牧牛亭은 글자 그대로 '소 치는 정자',
그러니까 마음공부 하기 좋은 공간이다.
주련에 쓰인 글귀가 매우 인상적이다.

밤에 꿈이 있으면 들어가지 못하고,
입에 혀가 없어야 머무를 수 있다.

주지로 부임했을 때 어느 작은 전각에 새겨 두었다고 한다. 당시 한 청년이 의곡사에 들렀다가 이 글귀를 보고 마음이 동했는데, 바로 현 송광사 방장인 현봉 스님이다. 지금의 글씨는 현봉 스님이 송광사 주지 시절 목우정을 복원할 때 석정 스님에게 부탁해서 쓰게 된 것이라 한다. 참으로 귀한 인연이다.

송광사 순례를 모두 마치고 떠나려고 하는데, '아차!' 하는 생각이 들었다. 중요한 공간을 참배하지 못했기 때문이다. 다시 발걸음을 옮겨 보조국사 지눌의 부도인 감로탑(甘露塔)으로 올라갔다. 800년간 송광사를 지켜 온 소중한 문화유산이다. 부도 위에 두 손을 얹고 그를 느껴 보았다. 해가 조금씩 지고 있었다. 그러나 지눌이 세우고 효봉과 구산을 거쳐 오늘에 이어진 '소 치는 가풍(牧牛家風)'은 사람들의 마음을 환히 밝히는 영원한 빛으로 남게 될 것이다. 나는 그렇게 믿는다.

효봉이 가야산으로 간 까닭은?

조계산을 떠나며

같은 사찰인데도 답사 주제에 따라 느낌이 다를 때가 많다. 어찌 보면 대상은 가만히 있는데, 당시의 마음에 따라 달리 보이는 격이다. 모든 것은 마음이 만들어 낸다는 유식唯識의 논리가 여기에서도 통하는 셈이다. 이번 답사지인 해인사의 경우도 그랬다. 팔만대장경을 모신 법보사찰을 마음에 두고 답사할 때와 화엄십찰을 주제로 순례할 때의 느낌은 분명 다르다.

이번 답사의 주제는 효봉이다. 그래서인지 그가 주로 머물렀던 퇴설당退雪堂을 먼저 가 보고 싶었다. 마침 한겨울이었지만, 그날의 퇴설당엔 눈이 쌓이지 않았다. 그나저나 효봉은 왜 마음의 고향과도 같은 송광사를 떠나 가야산으로 갔을까?

효봉은 송광사에 주석하면서 오랫동안 끊겼던 목우가풍을 재건하고 제2의 정혜결사운동을 추진하였다. 이에 동참한 수좌들은 효봉의 권유에 따라 '일대사를 밝히지 못한다면 결코 산문을 나서지 않겠다.'는 서원을 세우고 결사를 시작하였다. 하지만 모든 일이 뜻대로만 될 수는 없지 않은가.

효봉은 1946년 7월 15일부터 시작한 결사를 얼마 지나지 않아 중단하게 된다. 가야총림 해인사 방장으로 추대되었기 때문이다. 1945년 해방 이후 한국불교 역시 많은 변화를 겪게 되는데, 그 가운데 하나는 해인사를 총림叢林으로 지정하여 수행 가풍을 회복하는 일이었다. 이는 일제강점기의 타락한 왜색 풍조에서 벗어나 불교계를 새롭게 정화하고 청정 승가를 구현하기 위한 노력의 일환이었다. 그 초대 방장으로 효봉이 추대되었던 것이다.

보조국사의 따뜻한 품에서 수행하고 싶었던 효봉은 한국불교를 재건해야 한다는 시대적 소명을 외면할 수 없었다. 처음에는 사양했지만, 그는 깊은 고민 끝에 마침내 조계산을 떠나기로 결정한다. 아무리 좋은 인연이라도 영원한 것은 없는 법이다. 무상無常의 진리가 효봉과 송광사라고 해서 비켜 갈 리는 없다. 인연 생인연멸因緣生因緣滅이라 하지 않았던가. 송광사와의 아름다운 인연이 다했으니, 쿨하게 인정하고 새로운 인연을 받아들이는 것이 순리다. 효봉은 송광사 대중들에게 이별을 고하면서 한 편의 시를 남긴다. 송광사로 다시 돌아올 수 없음을 예견한 것일까. 마지막 법문을 하는 그의 눈가에 촉촉한 이슬이 맺혔다.

我來松廣今十年　송광사에 온 지 어느덧 십 년.
國老懷中安食眠　옛 어른들 품에서 편히 쉬었네.
曹溪一別緣何事　무슨 인연으로 조계산을 떠나는가.
欲作人天大福田　인간과 천상에 큰 복전 이루기 위함이네.

　처음 이 게송을 읽었을 때는 별다른 감흥이 없었다. 왜냐하면 인천人天의 복전을 이루기 위해 떠난다는 말이 일대사를 밝힌다는 대장부의 기개와 어울리지 않는다고 느꼈기 때문이다. 그러나 이것이 글쓴이의 좁은 소견임을 아는 데는 그리 오랜 시간이 걸리지 않았다.

　이번 답사를 통해 효봉이 조계산을 떠나 가야산으로 간 까닭을 새롭게 알게 되었다. 역사에 가정은 없다지만, 만약 효봉이 그때 가야총림 방장으로 가지 않았다면 붓다의 말씀이자 나라의 보배인 팔만대장경을 지켜 낼 수 있었을까? 결코 쉽지 않았을 것이다. 이번에도 선사의 게송을 어설프게 머리로 헤아린 대가를 치러야 할 것 같다. 얼마 남지 않은 눈썹이 모두 빠지더라도 억울하지 않다. 팔만대장경을 볼 수 있으니까.

　송광사를 떠난 효봉의 흔적을 찾아 해인사에 도착했다. 출발하기 전 해인사 홈페이지에 들어가 퇴설당이 대적광전 옆에 위치한다는 것을 확인했지만, 막상 현장에 도착하니 쉽사리 찾을 수가 없었다. 해인사는 많이 와 봤어도 퇴설당을 마음에 담아 본 적은 없었기 때문이다. 경내에는 마치 불이라도 난 것처럼 여기저기 연기가 피어오르고 있었다. 화재 예방 훈련을 하고 있었던 것이다. 그래서인지 도량이 부산했다. 주위를 살피다가 마침내 퇴설당을 발견하였다. 그런데 문이 굳게 닫혀 있어서 들어갈 수 없었다. 아뿔싸! 그곳이 해인사 방장실인 것을 깜박했다.

온몸으로 지켜 낸 팔만대장경

　가까이에서 퇴설당을 직접 보고 눈이 쌓였다는(堆雪) 의미를 느끼고 싶었다. 순간 중생심이 발동하여 담장 가까이 다가가 전각의 모습을 사진으로 담았다. 퇴설이란 이름이 심상치 않아 확인해 보니, 역시나 선(禪)의 날카로운 기운이 느껴졌다. 여기에는 선불교를 중국에 전한 달마대사와 제자인 혜가(慧可)의 사연이 담겨 있었다. 2조 혜가는 소림사로 찾아가 달마에게 가르침을 청했지만, 스승은 받아들이지 않았다. 아무리 애원해도 반응이 없자 제자는 밤새 쌓인 눈 위에서 자신의 왼팔을 칼로 베어 버렸다. 빨간 선혈이 눈 위에 뚝뚝 떨어졌다. 그 유명한 혜가단비慧可斷臂의 일화다. 퇴설은 팔을 벨 정도의 간절함으로 수행의 길을 가야 한다는 뜻이 담긴 이름이다. 눈 쌓인 집은 그런 서릿발 같은 선풍禪風이 깃든 공간이다.

효봉이 가야총림 방장으로 추대되었다는 소문이 퍼지자 전국의 눈 푸른 납자들이 모여들기 시작하였다. 100명도 넘는 수좌들이 이곳으로 몰려와 해인사를 청정 수행의 도량으로 장엄하고 있었다. 송광사에서 그랬던 것처럼 효봉은 젊은 수좌들과 함께 정진을 이어 나갔다. 안거 때는 물론이고 법회가 열릴 때마다 대중들을 위한 법문도 많이 했다. 송광사에서 법문한 내용은 별로 남아 있지 않은데, 이곳에서 법문한 기록은 많이 남아 있어서 그나마 다행이다. 아무튼 송광사에서 완성하지 못한 정혜결사의 꿈이 이곳 해인사에서 이어지고 있었다.

그러나 1950년 6월 25일 전쟁이 일어나면서 해인사도 그 영향에서 벗어날 수 없었다. 인민군이 언제 쳐들어올지 모르는 상황에서 총림을 계속 유지하기란 현실적으로 힘든 일이었다. 효봉은

눈(雪)이 쌓였다(堆)는 퇴설堆雪은
팔을 벨 정도의 간절함으로
수행의 길을 가야 한다는 뜻이 담긴 이름이다.
퇴설당, 즉 눈 쌓인 집은 그런 서릿발 같은
선풍禪風이 깃든 공간이다.

마침내 해산하기로 결심하고 함께 수행하던 대중들을 모두 피난시킨다. 주위에서 효봉도 가야산을 떠나도록 권했으나, 그는 떠날 수가 없었다. 팔만대장경을 모신 법보사찰을 지켜야 했기 때문이다. 구산을 비롯한 몇 명의 제자들도 스승을 지키기 위해 가야산에 남게 되었다. 위험한 상황이 계속되고 있었다.

마침내 올 것이 왔다. 북한군이 해인사로 쳐들어왔던 것이다. 청정 수행 도량이 그야말로 아수라장으로 변하고 말았다. 그들은 효봉에게 해인사 인민위원회 위원장을 맡도록 협박했다. 완강히 거절했지만, 그 자리를 맡지 않으면 해인사 대중들을 모두 죽이겠다고 하는 바람에 어쩔 수가 없었다. 그러나 억지로 맡은 위원장 자리가 대장경을 구하게 될 줄 누가 알았겠는가.

얼마 지나지 않아 이들을 소탕하기 위해 유엔군이 해인사로 온다는 소식이 들려왔다. 이곳을 떠나야 했던 북한군은 장경각을 태우려고 하였다. 효봉은 민족의 문화유산을 결코 훼손해서는 안 된다고 강변하면서 온몸으로 결사반대했다. 옥신각신 끝에 다섯 명으로 구성된 해인사 인민위원회에서 투표로 결정하기로 했다. 인민위원들의 투표 결과는 찬성 2표, 반대 2표였다. 위원장인 효봉이 반대표를 던져 장경각은 2 : 3의 결과로 오늘까지 우리 곁에 남게 되었다. 이 아찔한 순간을 고은 시인은 〈만인보〉에서 '해인사 인민위원'이라는 제목의 시로 역사에 남겨 놓았다.

여기에서 기억해야 할 또 한 명의 이름이 있는데, 당시 공군 대령이었던 김영환 장군이다. 그는 해인사를 폭파시켜 숨어든 공비들을 소탕하라는 상부의 명령을 받았지만, 팔만대장경을 지키

김영환 장군은 해인사를 폭파시켜
숨어든 공비들을 소탕하라는 명령을 받았지만,
팔만대장경을 지키기 위해
포탄의 방향을 해인사 뒷산으로 돌렸다.
그와의 인연으로 대장경은 오늘까지
당당하게 가야산을 지키고 있는 것이다.

기 위해 포탄의 방향을 해인사 뒷산으로 돌린 인물이다. 빨간 마
후라와의 인연으로 대장경은 오늘까지 당당하게 가야산을 지키
고 있는 것이다. 이런 역사는 결코 잊어서는 안 된다. '김영환 장
군 팔만대장경 수호 공적비'가 해인사 입구에 세워져 있는 이유
다. 최근 김영환 장군의 명패가 국가등록문화재로 지정됐다는 반
가운 소식도 들려왔다.

　아무튼 효봉이 가야산에 주석하면서 청정 수행 가풍을 회복하
고 대장경까지 지키게 되었으니, 이 정도면 인간과 천상(人天)에
큰 복전을 이룬 것이 아니겠는가. 오늘의 한국불교가 효봉을 기
억해야 할 이유도 바로 여기에 있다.

통영에서 쏘아 올린 작은 꿈

도솔암 가는 길

통영은 여행을 즐기는 이들의 버킷 리스트 앞쪽에 자리하고 있는 곳이다. 한국의 나폴리라 불릴 만큼 풍광이 빼어나기 때문이다. 그곳에는 아름다운 항구를 든든히 지켜 주는 산이 하나 있는데, 바로 미륵산彌勒山이다. 미륵은 56억 7천만 년 후 이 땅에 내려와서 모든 중생들을 구원한다는 미래불이다. 그러니까 미륵은 메시아이자 희망의 아이콘인 셈이다.

미륵산 정상에서 남해 바다를 바라보면 입에서 '아!' 하는 감탄사가 절로 나온다. 모두가 꿈꾸는 파라다이스는 이런 모습이지 않을까 싶을 때도 있다. 천혜의 비경을 간직한 소매물도 역시 통영을 거쳐서 간다. 그렇다면 효봉은 어떤 인연으로 이곳까지 오게 되었을까? 그 시절인연을 알아보기 위해 효봉의 발자취를 따라 통영으로 향했다.

머칠 전까지만 해도 영하 20도를 넘나드는 혹한으로 전국이 꽁꽁 얼어붙었는데, 오늘은 제법 봄기운이 느껴진다. 용화사 주차장에서 도솔암으로 올라가는 길이 꽤나 가파르다. 온몸에 땀이 밴다. 서두르지 말고 잠시 쉬어 가라는 듯 오르막길 중간중간에 좋은 글귀들이 쓰인 비석들이 보인다. 잠시 멈추어 한 비석을 응시했다.

"악한 자도 악의 열매가 익기 전에는 복을 누린다. 선한 자도 선의 열매가 익기 전에는 화를 만난다."

『법구경』에 있는 말씀이다. 악업을 짓고 있는데도 잘 살고 있는 이들에게 따끔한 회초리 같은 가르침이다. 반면 선하게 살고 있지만 어려움에 처한 이들에게는 용기로 다가올 것이다. 업業은 한 치의 오차도 허용하지 않기 때문이다. '업은 결코 주소를 잃지 않는다(Karma never loses an address).'고 하지 않았던가. 배달 사고를 기대하는 것은 어리석은 일이다. 생각할수록 준엄한 가르침이다. 정신이 번쩍 들었다. 도솔암에 도착하자 온몸이 땀으로 흥건했다. 한숨 돌리고 경내를 둘러보면서 효봉을 떠올려 보았다.

효봉은 북한군이 해인사에서 철수하고 국군이 주둔하게 되자 팔만대장경을 잘 지켜 달라는 부탁을 남기고 몸을 옮기게 된다. 1950년 9월의 일이다. 효봉과 제자들이 향한 곳은 부산에 위치한 금정사였다. 그나마 안전한 절이라 해도 이곳 역시 사정이 넉넉할 리 없었다. 끊임없이 몰려드는 인파로 인해 오래 머물 처지가 못 되었다. 스승을 모시고 왔던 구산은 한 입이라도 덜고 수행에 전념하기 위해 진주 응석사凝石寺로 가서 겨울 안거를 보내게 된다. 그리고 그곳에서 정진에 정진을 거듭한 결과 한 소식을 깨치게 된다. 효봉은 마음에 눈뜬 제자의 모습에 크게 기뻐하면서 다음과 같은 전법게를 내려 준다.

裁得一株梅　　한 그루 매화를 심었더니

古風花已開　　옛 바람에 꽃이 피었네.

汝見應結實　　그대 결실을 보았으니

還我種子來　　내게 종자를 가져오라.

마음과 마음이 만나서 쓴 한 편의 아름다운 시라는 생각이다. 스승과 제자 사이에 매화 향이 그윽하다. 이 향기를 뒤로하고 효봉은 마음에 두고 있던 해남 대흥사大興寺로 떠나기 위해 부산항에서 출발하는 연락선에 몸을 실었다. 그런데 그날따라 파도가 높게 일고 바람도 거세게 밀려왔다. 여기저기서 멀미하는 사람들로 아우성이었다.

효봉 일행도 예외가 아니었다. 배가 잠시 통영에 정박을 하자 한 제자가 가까운 곳에 용화사라는 절이 있으니 잠시 쉬어 가자고 제안을 하였다. 실은 미리 용화사 도솔암에 스승이 주석하도록 준비했으나 도량이 비좁아 차마 말씀드리지 못한 상태였다. 그런데 우연찮게 파도가 높게 일렁이는 바람에 통영에 정박했다가 이렇게 인연을 맺은 것이다. 만날 인연은 언제고 만나는 모양이다.

도솔암은 필자가 생각했던 것보다 규모가 작았다. 효봉이 이곳에 주석한다는 소식을 듣고 많은 수좌들이 몰려왔다고 하는데, 어떻게 이 좁은 공간에서 지냈을까 의아하기도 했다. 게다가 효봉은 병석에 누워 있던 스승 석두 선사를 이곳으로 모시고 와서 정성껏 돌보기도 하였다. 스승의 마지막을 지켜 드려야겠다는 생각에서였다. 누구나 할 것 없이 좀 더 넓은 도량이 필요하다고 느꼈다.

미륵이 온다

도솔암에서 내려와 산과 바다를 경계로 구불구불 이어진 도로를 따라 미래사로 향했다. 겨울인데도 바다에서 불어오는 바람이 봄 향기를 머금고 있었다. 나도 모르게 심장이 뛰고 있었다. 봄바람의 유혹에 넘어가면 안 된다. 아직 마쳐야 할 숙제가 남아 있다. 미륵산 중턱에 자리한 미래사에 도착했다. 사찰 주위로 편백나무가 피톤치드를 내뿜으면서 호위하고 있는 향기로운 도량이었다.

입구에 도착하자 왼쪽으로 부도전이 먼저 눈에 들어왔다. 석두와 효봉, 구산의 부도가 나란히 놓여 있었다. 마음으로 진리를 전한 할아버지와 아버지, 아들의 모습이 아름답게 다가왔다. 미래사는 구산을 비롯한 제자들이 스승인 효봉을 위해 지은 도량이다. 그리고 효봉은 이곳에서 석두 선사를 마지막까지 정성껏 모시다가 고요 속으로 보내드렸다. 참으로 지극한 효성이 아닐 수 없다. 사람들이 미래사를 가리켜 효를 상징하는 도량이라고 말하는 이유가 있었던 것이다.

미래사彌來寺는 글자 그대로 '미륵이 온다.'는 의미가 담긴 도량이다. 앞서 언급한 것처럼 미륵은 희망의 아이콘이다. 그렇다면

석두와 효봉, 구산의 부도가
나란히 놓여 있었다.
마음으로 진리를 전한
할아버지와 아버지, 아들의 모습이
아름답게 다가왔다.
사람들이 미래사를 가리켜
효를 상징하는 도량이라고 말하는
이유가 있었던 것이다.

효봉은 미래사에서 한국불교에 어떤 희망을 품고 있었을까?

철학자 스피노자(Baruch de Spinoza, 1632~1677)는 희망을 가리켜 '불확실한 기쁨'이라고 하였다. 희망이 이루어지면 기쁨이 되지만, 동시에 그렇게 되지 않을 불확실성이 자리하고 있다는 뜻이다. 희망은 기쁨과 불확실성이라는 양면성을 동시에 지니고 있는 셈이다. 그렇기 때문에 꿈을 실현하기 위해서는 불확실성이 아니라 기쁨으로 향할 수 있는 강력한 에너지가 필요하다.

우리 민족은 1945년 해방을 맞았지만, 6·25전쟁으로 또다시 온 나라가 화마에 휩싸이고 말았다. 불교계도 전란으로부터 영향을 받지 않을 수 없었다. 일제강점기의 왜색불교에서 벗어나 청정 승가의 회복을 희망했지만, 전쟁의 혼란으로 불확실한 상황이 계속되고 있었다. 이때 필요한 것이 무엇일까? 그것은 불확실성과 기쁨 사이에 있는 무게 추를 기쁨 쪽으로 확 끌어당기는 강력한 에너지다. 효봉은 그 에너지를 미륵에서 찾고자 한 것은 아니었을까? 이곳 미래사에서 말이다.

미래사 창건을 주도한 구산이 훗날 송광사 방장이 되어 머문 곳이 송광사 삼일암 미소실微笑室이다. 항상 인자한 미소를 띠고 사람들을 대했던 선사와 잘 어울리는 이름이다. 효봉이 종정이 되어 주석했던 곳 역시 동화사 금당선원 미소실이다. 송광사와

동화사의 미소실 편액 모두 효봉이 친필로 쓴 것이다. 그런데 미
소는 기쁨의 또 다른 표현이다. 기쁠 때 나오는 표정이 바로 미소
이기 때문이다. 생각이 여기에 미치자 청정 승가의 구현이라는
한국불교의 희망, 효봉과 문도들의 미래사 창건, 구산의 미소 등
이 묘하게 연결되는 것 같았다. 꿈보다 해몽이라 해도 어쩔 수 없
다. 희망의 성지, 미래사를 창건하면서 효봉은 기쁜 마음으로 직
접 상량문을 지었다. 분명 입가에도 미소를 지었을 것이다.

통영 미래사

"이 절을 세움이여, 뿌리 없는 나무를 베어 대들보를 올리고, 그림자 없는 나무를 찍어 도리와 서까래를 걸며, 푸른 하늘과 흰 구름으로 기와를 삼고, 메아리 없는 골짜기의 진흙으로 장벽을 만드노라. 사방에 문이 없어 출입이 없지만 시방세계에서 모두 모여도 넓지도 않고 비좁지도 않다."

효봉의 제자 법정 수좌가 번역한 상량문의 일부 내용이다. 이곳 미래사는 법정이 행자 생활을 시작한 도량이기도 하다. 그는

107

이곳에서 하루에 두 짐씩 나무를 하고 군불을 때면서 스승을 시
봉했다고 한다. 구산과 법정을 위시한 한국불교의 희망들이 이곳
에서 수행의 등불을 밝히고 있었던 것이다.

답사를 마치고 잠시 편백나무에 취해 볼 요량으로 미륵산을 거
닐다가 어쩌다 보니 정상까지 오르게 되었다. 한산도와 거제도,
소매물도 등이 펼쳐진 다도해의 풍경이 장관이다. 이런 정경을
보면 사랑이든, 새해 소망이든 마음속에 뭔가를 품지 않을 수 없
을 것 같다. 참으로 꿈꾸기 좋은 곳이다. 혹독한 겨울을 나고 있
는 이들에게 따뜻한 봄은 꿈이자 희망이다. 그날 미륵산에 봄기
운이 찾아왔다. 통영에서 쏘아 올린 작은 꿈이 한국불교를 밝히
는 에너지로 익어 가고 있었다.

정화의 길

큰집 무너지려 하니 힘을 합쳐라

살다 보면 세월의 흐름을 놓칠 때가 종종 있다. 대개는 삶이 분주해서 그렇겠지만, 무엇보다 마음의 여유가 없어서 더욱 그렇다. 섬진강에 매화가 피었다는 소식을 이제야 들어서 하는 얘기다. 문득 그곳에 가 보고 싶었다. 그래서 향한 곳이 봄이면 벚꽃에 취한 객들로 문전성시를 이루는 쌍계사雙磎寺다. 효봉이 주변 사람들에게 알리지 않고 출가한 지 얼마 안 된 법정과 함께 수행한 곳이다. 그는 왜 불교정화운동이 한창 진행되는 와중에 쌍계사로 온 것일까? 이번 답사는 이 물음을 핑계 삼아 무작정 떠난 여정이었다.

'정화淨化'라는 말을 학창 시절 처음 들었다. 1980년대 쿠데타로 권력을 잡은 군사 정부가 부조리를 척결하고 사회를 깨끗이 한다는 이른바 사회정화운동을 학교에서 배운 것이다. 당시는 정치적 상황을 모르는 학생이었기 때문에 더러운 것을 깨끗이 한다는 의미가 마냥 좋아 보였다. 그리고 한동안 잊혀졌던 '정화'라는 단어를 다시 만나게 되었다. 불교정화운동, 일제강점기의 왜색불교에서 벗어나 청정 승가를 구현했다는 의미에도 불구하고 한국불교에 지울 수 없는 생채기를 남긴 아픈 역사다.

'불법에 대처승은 없다.'는 기치 아래 시작된 정화운동은 1954년부터 1962년까지 8년 동안 진행되었다. 물론 이 운동은 해방 직후부터 승려대회를 열고 한국불교 개혁안을 마련하는 등의 활동으로 시작됐지만, 한국전쟁이 일어나면서 중단된 상태였다. 그런데 1954년 5월 이승만 대통령이 불교를 정화하라는 유시諭示를 내리면서 이 운동은 본격화된다.

7차에 걸친 대통령 유시의 핵심 내용은 비구승은 총궐기해서 대처승을 몰아내고 국가의 문화유산인 사찰을 지키라는 것이었다. 정화운동에 대한 당시의 여론도 매우 호의적이었다. 문제는 정치와 종교의 분리를 원칙으로 하는 민주국가에서 대통령이 나서서 종교 문제에 간섭했다는 점이다. 이는 분명 헌법 정신을 거스르는 일이었기 때문에 지금까지 계속 비판의 대상이 되고 있다.

효봉이 정화운동에 참여한 것은 바로 이때였다. 그는 종단의

1954년 全國比丘僧大會 記念 撮影

"큰집이 무너지려고 하니,
대중들은 힘을 합쳐 붙들라."

정화운동은 1954년부터 1962년까지
8년 동안 진행되는데,
효봉은 여기에서 화합이라는
승가의 정신에 입각해서
정화운동을 펼칠 것을 간곡히 주문한다.

요청으로 급히 상경하여 안국동에 위치한 선학원禪學院에 주석하면서 정화운동을 이끌었다. 1954년 8월에 이르러 제1차 전국비구승대회가 열리게 되는데, 효봉은 여기에서 화합이라는 승가의 정신에 입각해서 정화운동을 펼칠 것을 간곡히 주문한다.

"큰집이 무너지려고 하니, 대중들은 힘을 합쳐 붙들라(大廈將崩 衆力扶持)."

짧으면서도 임팩트 있는 가르침이다. 큰집은 다름 아닌 한국불교를 의미한다. 자칫 비구와 대처 간의 갈등과 대립으로 큰집이 무너질 수 있으니, 양측은 힘을 합쳐 승가를 새롭게 일으키라는 메시지였다. 첫째도 화합, 둘째도 화합에 입각한 정화운동이어야 한다는 강력한 요청이었다. 그러나 정화운동은 효봉의 바람과는 달리 어려운 상황으로 치닫고 있었다. 심지어 있어서는 안 되는 폭력 사태까지 벌어지고 말았다.

당시 비구승의 숫자는 300명인 데 비해 대처승은 7,000명이었다. 전국 대부분의 사찰도 대처 측에서 장악하고 있는 상태였다. 아무리 명분이 앞선다고 해도 물리적으로 안 되는 상황이었다. 특히 대처승의 입장에서 보면 가족을 부양해야 하는 책임까지 있었다. 그들에게는 생존이 달린 문제였던 것이다. 효봉이 강경한 입장을 취하지 않고 비구와 대처 간의 대화와 타협을 강조한 이유가 있었던 셈이다.

철학자 파스칼은 『팡세』에서 "힘 없는 정의는 무능이고 정의 없는 힘은 폭력이다."라는 명언을 남겼다. 아무리 옳은 일이라 하더라도 힘이 없으면 이룰 수 없는 법이다. 반대로 힘이 있다고 해도 정의롭지 않으면, 그것은 폭력일 뿐이다. 당시는 힘과 정의가 동시에 요구되는 상황이었다. 한쪽은 명분이 있었고 다른 한쪽은 힘이 있었다. 이 둘이 시너지 효과를 내어 '정의는 강하고 강한 것은 정의롭게' 만들기 위해서는 서로 화합하는 길밖에 없다. 효봉이 목놓아 외쳤던 이유다.

마음을 맑히는 일이 참다운 정화

정화운동은 잘 되는 것 같다가도 갈등이 끊이지 않았다. 이런 상황에서 효봉은 선학원에 계속 머무르는 것이 과연 의미가 있을까 하는 회의마저 들었다. 잠시 멈춤의 시간이 필요하다고 판단했다. 그는 선학원에 머무는 동안에도 짬을 내어 미래사로 내려

불교정화운동을 하던 효봉은
잠시 멈춤의 시간이 필요하다고 판단했다.
쌍계사 탑전에서 법정과 함께
여름 안거를 보내게 된다.
초심으로 돌아가 마음을 새롭게 다지고
정진을 이어 나갔다.

와 정진을 이어 갔지만, 종단의 상황이 효봉을 미륵산에 오래 머물도록 허락하지 않았다. 그래서 택한 방법이 사람들 눈을 피해 수행의 시간을 갖는 것이었다. 그의 발걸음이 쌍계사로 향한 이유다. 1956년 69세의 나이로 효봉은 쌍계사 탑전에서 무소유의 아이콘 법정과 함께 여름 안거를 보내게 된다.

아침 7시라 해도 아직은 어두컴컴하다. 어둠을 뚫고 쌍계사로 향하는 여정이 마냥 즐겁기만 하다. 마음속 첫사랑과 같은 섬진강 바람을 만날 수 있어서다. 오늘도 역시 강의 여신이 반갑게 맞아 주었다. 잠시 자동차 창문 밖으로 손을 내밀어 인사를 나누었다.

쌍계사에 도착하여 탑전으로 먼저 향했다. 문이 굳게 닫혀 있었다. 이곳은 안거 기간에는 문을 열지 않는다. 금당선원이 있기 때문이다. 그러니 탑전을 참배하려면 시기를 잘 맞춰서 와야 한다. 이를 모르고 온 것은 아니지만, 아쉬움이 남는 것은 역시 중생심 탓이리라. 그래도 경내 이곳저곳을 걸으면서 쌍계사를 개창한 진감혜소(眞鑑慧昭, 774~850)의 탑비와 9층석탑 등을 마음에 담고 효봉을 느껴 보았다.

이곳 탑전은 '육조정상탑전六祖頂相塔殿'이라는 공식 이름에서 드러나듯이 6조 혜능과 인연이 깊은 곳이다. 금당 안에는 혜능의 정상頂相, 그러니까 두개골이 들어 있다고 전해지는 육조정상탑이 자리하고 있다. 신라 때 삼법三法이라는 승려가 혜능을 흠모한 나머지 중국으로 건너가 그의 두개골을 몰래 가지고 들어와 이곳에 모셨다는 것이다. 물론 이를 사실로 받아들이기는 힘들다. 중국의 남화선사에 혜능의 등신불이 지금까지 온전한 상태로 남아 있기 때문이다. 그렇다고 이곳이 혜능과 깊은 인연이 있는 선 수행

도량이라는 선인들의 순수한 믿음마저 삐딱하게 볼 필요는 없다.

효봉은 초심으로 돌아가 마음을 새롭게 다지고 정진을 이어 나
갔다. 이를 지켜보는 것만으로도 법정에게는 큰 공부가 되었다.
어느 날 법정이 마을로 내려가 공양거리를 구해서 돌아오다가 소
나기를 만나는 바람에 조금 늦게 도착한 적이 있었다. 법정이 공
양을 준비하려고 하자 스승은 단호하게 그만두게 하였다. 제자는
소낙비를 만나서 늦게 된 사연을 말했지만, "수행자는 시간을 생
명처럼 여겨야 한다."는 스승의 짧은 한마디는 그의 가슴에 깊이
각인되었다. 또한 스승과 함께 수행하면서 몸으로 익힌 검소함
과 절약 정신은 평생의 지침이 되었다. "훗날 법정이 스테디 셀러
『무소유』를 펴낸 건 우연한 일이 아니었다."는 이정범 작가의 의
견에 전적으로 공감하는 이유다.

효봉은 정화운동을 펼치면서 강조한 것이 있었다. 바로 계정혜
삼학三學 공부를 게을리해서는 안 된다는 것이었다. 그는 청정 승
가를 구현하는 외적 정화도 중요하지만, 참다운 정화가 되기 위
해서는 마음을 맑히는 내적 정화가 바탕이 되어야 한다고 생각했
다. 그의 말을 직접 들어 보자.

"계정혜 삼학三學은 마치 집을 짓는 것과 같으니 계율은 집터와

116

같고 선정은 재목과 같으며 지혜는 집 짓는 기술과 같다. 아무리 기술이 있더라도 재목이 없으면 집을 지을 수 없고 재목이 있더라도 터가 없으면 집을 지을 수 없다. 그렇다면 이 삼학은 하나도 빠뜨릴 수 없는 것이니, 그러므로 이 삼학을 함께 닦아 쉬지 않으면 마침내 바른 깨달음을 이루게 될 것이다."

한국불교라는 집을 잘 짓기 위해서는 계율과 선정, 지혜가 함께하는 마음의 정화가 바탕이 되어야 한다고 역설한 것이다. 이런 스승 곁에서 법정이 보고 배웠으니, 그에게는 얼마나 큰 축복이었겠는가. 그가 강조한 무소유 정신은 인간의 탐욕과 성냄, 어리석음을 정화시키는 길이었던 셈이다.

답사를 마치고 돌아오는 길에 맑은 강바람을 다시 만났다. 그 바람이 나의 오염된 마음도 정화시키는 것 같았다. 역시 섬진강이다.

동화사에서 던진 질문, '이 뭣고?'

치유의 도량, 동화사

봄이 왔는데도 봄 같지가 않다. 꽃샘추위가 기승을 부리기 때문이다. 그래서 봄이 오면 춘래불사춘春來不似春이라는 말이 자연스레 나온다. 한漢의 원제元帝 때 중국 4대 미녀로 꼽히는 왕소군王昭君은 자신의 의지와 상관없이 흉노로 시집을 간다. 그녀는 외롭고 힘든 생활을 해야만 했다. 고향으로 돌아가고 싶지만 그럴 수 없었다. 그러니 꽃 피는 봄이 와도 봄 같지 않았던 것이다. 좋은 시절이 다가왔지만 상황이나 마음이 여의치 못할 때 이 말을 사용하곤 한다.

봄이 봄 같지 않은 이유는 단순하다. 겨울의 차가운 기운이 봄의 따뜻한 기운보다 강하기 때문이다. 이를 불교식으로 표현하면 업業이라고 할 수 있다. 현재의 업(봄기운)이 과거의 업(겨울 기운)을 압도하지 못하면 봄이라는 새로운 상황을 맞이해도 아무런 소용이 없다. 4월이 지났는데도 눈이 내리고 기온이 영하로 내려가는 이유도 여기에 있다.

이런 이야기를 하는 것은 불교정화운동의 양상이 이와 유사하다고 느꼈기 때문이다. 우여곡절 끝에 1962년 통합종단이 출범하는 새로운 상황을 맞이했지만, 비구와 대처 간의 대립과 갈등이 통합의 기운을 압도했던 것이다. 그러니 봄이 봄 같지 않고 오히려 겨울보다 추운 혹한의 시간이 계속되고 있었다.

효봉은 이러한 상황을 안타깝게 지켜보면서도 온몸으로 감당해야만 했다. 70이 훨씬 넘은 노인의 몸으로 견뎌 내기엔 무리가 따랐는지, 몸에 이상 신호가 감지되기 시작하였다. 그래서 악화된 건강을 회복하기 위해 찾은 곳이 바로 대구 팔공산에 위치한 동화사桐華寺다. 문득 왜 하필 팔공산으로 갔을까 하는 의문이 들었다. 그 물음을 핑계 삼아 이번 답사에 나섰다.

앞의 글에서 살펴본 것처럼 효봉은 법정과 함께 쌍계사에서 고요한 수행의 시간을 보내고 있었다. 그런데 구산이 찾아와 1956년 네팔에서 열리는 제4차 세계불교도우회(WFB, World Fellowship of Buddhist)에 동산, 청담과 함께 한국 대표로 참석해야 한다는 소식을 전했다. 이 단체는 1950년 5월 붓다의 가르침을 실천하고 전

세계 불자들의 단결과 우애를 도모하기 위한 목적으로 설립되었다. 효봉은 산중 생활을 정리하고 네팔로 건너가 세계 속의 불교를 직접 목격하게 된다. 이때 통역을 담당하던 가이드가 일행들의 여비 등을 챙겨서 도망가는 바람에 국제 미아가 되어 고생한 이야기가 지금까지 전해지고 있다.

  그 후 효봉은 정화운동을 마무리하기 위해 조계종 총무원장직을 맡게 된다. 1957년 그의 나이 70세 때의 일이다. 그런데 1년쯤 지났을 무렵 당시 종정으로 있던 석우石牛 선사가 열반에 이르자 종단에서는 효봉을 종정으로 추대하기에 이른다. 효봉은 서울과 가까운 양주 흥국사興國寺에 주석하면서 정화운동을 이끌게 된다. 이 과정에서 그의 건강에 적신호가 켜진다. 그래서 잠시 휴식도 취하고 악화된 건강을 치유하기 위해 찾은 곳이 동화사 금당선원이었다. 쉬려고 왔던 이곳에서도 그는 삼학三學을 게을리하지 않고 실천했으며, 공부하는 제자들을 위한 법문도 꾸준히 진행하였다.

  동화사에 도착해서 제일 먼저 가 보고 싶은 곳이 바로 금당선원金堂禪院이었다. 효봉을 느끼고 싶었기 때문이다. 답사를 간 날 선원의 문은 닫혀 있었지만, 그곳에서 공부하는 수좌의 도움으로 잠시 들어가 수행의 향훈을 느낄 수 있었다. 금당선원은 한국의 선불교를 새롭게 일으킨 경허 선사가 1900년 개원한 이래 석우, 효봉, 구산, 서옹 등 기라성 같은 인물들이 거쳐 간 곳이다. 특히 성철 선사가 29세 때 무자無字 화두를 타파하고 오도송을 읊은 곳으로 알려진 도량이기도 하다. 한마디로 선의 향기가 물씬 풍기는 곳이다. 동화사 경내를 거닐다가 잊고 있던 것이 하나 떠올랐다. 이곳은 선 수행 도량이기도 하지만, 세계에서 가장 키가 큰 33미터 높이의 약사여래불이 모셔진 공간이었다.

정화운동을 이끌던 효봉의 건강에 적신호가 커진다.
그래서 잠시 휴식도 취하고 악화된 건강을 치유하기 위해 찾은 곳이
동화사 금당선원이었다. 쉬려고 왔던 이곳에서도
그는 참학을 게을리하지 않고 실천했으며,
제자들을 위한 법문도 진행하였다.

'무라 노장'은 왜 모른다고 했을까?

동화사 경내는 부처님오신날 준비를 하느라 분주한 모습이다. 금당선원을 지나 약사여래불이 모셔진 곳으로 발길을 옮겼다. 33 미터 높이의 불상이면 멀리서도 보일 듯한데, 가까이 다가가도 좀처럼 모습을 드러내지 않았다. 높게 둘러싸인 담장을 지나자 비로소 그 웅장한 모습이 눈에 들어왔다. '와!' 하는 탄성이 절로 나왔다. 순간 그가 이곳으로 온 것이 우연만은 아닐 거라는 생각이 들었다. 팔공산은 치유의 공간이기 때문이다. 물론 당시에는 이 불상이 조성되지 않았지만, 동화사는 약사도량으로 널리 알려진 곳이다.

불자들이 많이 찾는 갓바위에도 약사불藥師佛이 모셔져 있다. 약사부처님이 누구던가. 병고가 있는 이라면 그 누구든 묻거나 따지지 않고 치료를 해 주는 부처님이 아니던가. 돈이 없다고, 자신들의 요구를 들어주지 않는다고 죽어 가는 병자를 외면하는 일부 의사들과는 차원이 다른 분이다.

효봉은 두 차례에 걸쳐 동화사에 주석하게 되는데, 공교롭게도 두 번 모두 악화된 건강을 치유하기 위해 이곳으로 온다. 1차로 머문 기간은 1958년 겨울부터 1960년 봄까지다. 동화사에서 어느 정도 건강을 회복한 그는 통영 미래사로 몸을 옮긴다. 그런데 1961년 5·16 군사 쿠데타가 발생하면서 불교정화운동도 새로운 변화를 맞게 된다. 권력을 장악한 군부는 불교재건위원회를 구성하여 비구와 대처가 동등한 자격으로 당시의 혼란을 정리하라고 주문하였다. 비구가 중심이 되어 대처를 몰아내고 문화유산을 지키라고 했던 이승만 정권과 달리 그들에게 정화운동은 불교 종단 내부의 분규에 불과했던 것이다. 상황 인식이 많이 달랐던 셈이다.

수많은 우여곡절 끝에 1962년 4월 11일 양측은 통합종단을 발족시키고 효봉을 초대 종정으로 추대하게 된다. 드디어 봄이 찾아온 것이다. 그러나 봄은 봄 같지 않았다. 자연에서는 꽃샘추위가 아무리 매섭게 몰아쳐도 봄이 오기 마련인데, 인간사는 그렇지 않다. 봄이 아니라 겨울보다 더 혹독한 추위가 다가왔으니 말이다. 통합종단 이후에도 비구와 대처 간의 대립과 갈등은 끊이지 않았다. 효봉의 몸과 마음은 또다시 약사부처님의 치유를 필요로 했다. 70대 중반을 훌쩍 넘긴 노인의 몸으로 동화사를 다시 찾은 것이다.

당시 동화사는 효봉이 아끼던 제자인 구산이 주지를 맡고 있었다. 그래서 훨씬 편한 마음으로 이곳에 머물 수 있었다. 이 무렵 그에게는 '무라 노장'과 '몰라 노장'이라는 또 다른 별명이 생기게

123

되었다. 평소 무자 화두를 중시해서 입으로 '무라, 무라.' 읊조리는 모습에서 나온 별명이다. 효봉의 사리탑을 모신 송광사 효봉 영각에 무무문無無門이 세워진 것도 이유가 있었던 셈이다. '몰라 노장'이란 별명은 제자들이 뭔가를 물으면 무조건 '몰라, 몰라.' 이렇게 대답한 데서 생겨났다. 그리고 이어지는 말은 구산이 도인이니까 그에게 가서 물어보라는 것이었다.

한번은 늘 '무라, 무라.' 하는 모습을 보고 한 제자가 그것이 무슨 뜻인지 물어보았다. 그때도 역시 '몰라, 몰라.'라는 대답이 돌아왔다. 그러면서 '이 뭣고?'를 알게 되면 자신이 '무라, 무라.' 하는 뜻을 알 수 있으며, 삼세의 모든 부처님을 비롯한 역대 조사와 더불어 손을 잡고 덩실덩실 춤을 출 것이라고 하였다. 말하자면 '이 뭣고?'의 의미를 이해하면 불교의 핵심을 깨칠 수 있다는 뜻이다. 문득 지눌의 「수심결」에 있는 "단지 모르는 줄 알면 이것이 곧 견성이다(但知不會 是卽見性)."라는 구절이 떠올랐다.

우리는 자신의 참 모습을 모르면서 자꾸만 안다고 착각하면서 살아간다. 그것이 다름 아닌 사대를 몸이라 여기며(四大爲身) 망상을 마음이라고 생각하는 것이다(妄想爲心). 이러한 상태에서는 더 이상 알려고 하는 마음, 즉 문제의식이 나오지 않는 법이다. 모든 것을 안다는 자만에 빠져 있기 때문이다.

그런데 이러한 어리석음에 지혜의 빛을 비추면 지금까지 안다고 생각했던 것이 모두 착각이었다는 것을 깨닫게 된다. 일종의 무지無知의 자각인 것이다. 이때 나오는 화두가 바로 '이 뭣고?', 즉 '이것이 무엇인가?', '나는 누구인가?'라는 질문이다. 진짜 물음과 공부가 시작되는 시점이다. '이 뭣고?'는 어설프게 알거나 온갖 왜곡과 편견, 어리석음으로 가득 차 있으면서 부끄러운 줄 모르고 아는 체하는 이들에게 서릿발 같은 가르침이다.

효봉은 약사여래의 도량에서 우리에게 근원적인 질문을 던지고 있다. 삼독의 술에 취해 자신의 참 모습을 잃고 사는 너는 도대체 누구냐고 말이다. 이제는 밖으로 향하던 시선을 안으로 돌이킬 때도 되지 않았을까. 그러면 내가 모른다는 것을 알고 진짜 공부를 시작할 수 있을 것이다. 답사를 마치고 돌아오는 내내 '이 뭣고?'라는 물음이 머릿속에서 떠나지 않았다.

고요 속으로

세속의 정

어느덧 마지막 답사의 시간이 돌아왔다. 이른 아침 매주 〈불교신문〉에 연재하고 있는 「죽음을 철학하는 시간」 원고를 보내고 효봉의 마지막 모습을 그리기 위해 밀양 표충사表忠寺로 향했다. 기분이 묘하다. 죽음을 철학하는 글을 보내고 또 다른 이의 죽음을 쓰기 위해 순례에 나섰으니 말이다.

마침 봄비가 내리고 있었다. 문득 산울림이 부른 「그대 떠나는 날에 비가 오는가」라는 노래가 생각났다. 젊은 시절 많이 좋아했던 노래다. '하늘도 이별을 우는데, 눈물이 흐르지 않네.'라는 가사가 입가에 맴돌았다. 효봉이 떠나던 그날 하늘도 이별을 슬퍼했을까?

팔공산 동화사에 머물던 효봉은 구산을 불러 표충사 서래각西來閣으로 가고 싶다는 뜻을 전한다. 구산은 스승이 떠날 때가 되었음을 직감하였다. 서래는 '조사가 서쪽에서 온 까닭(祖師西來意)', 즉 '불교의 핵심이 무엇인가?'를 의미하는 선禪 언어다. 선사들이 만났을 때 마음으로 깨친 소식이 있으면 드러내 보이라는 뜻이다. 지금까지 공부한 밑천이 모두 드러나는 서릿발 같은 질문인 것이다. 그런데 효봉이 서래각으로 가자고 했을 때, 구산의 마음에는 서방정토西方淨土가 먼저 떠올랐다. 스승과 제자는 그렇게 마음으로 이별을 준비하면서 표충사로 몸을 옮겼다. 1966년 5월 어느 봄날의 일이었다.

　표충사가 자리하고 있는 재악산載岳山은 꽃들이 모두 떨어지고 연초록의 옷으로 갈아입고 있었다. 개인적으로 무척 좋아하는 색감이다. 절도 절이지만 산이 무척 아름다웠다. 산악인들이 왜 이곳을 '영남 알프스'라고 부르는지 이해할 것 같았다. 효봉은 초록이 짙게 우거진 이곳 도량에 몸과 마음을 맡긴 채 평온한 시간을 보냈다. 삶이 얼마 남지 않았음을 알고 있던 그는 구산을 불러 마지막 당부의 말을 전하기도 하였다. 그것은 다름 아닌 전쟁으로 폐허가 된 승보종찰 송광사를 재건하여 목우가풍牧牛家風을 다시 일으키라는 것이었다. 훗날 제자는 스승의 유훈을 받들어 송광사를 수행의 향훈이 가득한 도량으로 장엄하였다.

　평온한 날들이 이어지던 어느 날 뜻밖의 사건이 일어났다. 그해 9월 29일자 〈조선일보〉에 「병상의 효봉 스님」이라는 제목의 기사가 실렸는데, 이를 본 속가의 손자인 이인목李仁穆이 편지를 보내왔던 것이다. 그 안에는 효봉의 부친인 이병억을 비롯하여 자신의 속명 이찬형, 그리고 아들과 딸, 손주들의 이름이 적힌 가계도가 담겨 있었다.

이를 계기로 효봉의 출가 전 이력이 세간에 드러나게 되었다. 당시까지만 해도 모두 효봉의 속가 이름이 이원명李元明인 줄 알고 있었다. 원명은 금강산에서 출가하고 스승 석두 선사로부터 받은 법명이다. 그는 법명을 원명에서 학눌로 바꾸면서 이를 속가 이름처럼 사용하고 있었다. 출가 전의 삶은 그저 전생의 일(前生事)이자 꿈속의 일(夢中事)이라 생각해서 사람들에게 말하지 않았는데, 손자의 편지로 인해 그의 전생사가 세상에 드러난 것이다.

이때 속가 부인인 박현朴賢이 2년 전 광주에서 생을 마쳤다는 안타까운 소식도 전해 들었다. 그의 장남인 이영발은 6·25전쟁이 일어나자 모친과 함께 남쪽으로 내려와 광주에 터전을 잡고 살았던 것이다. 혈육을 가까이 두고도 모른 채 세월을 보냈으니, 견성도인의 마음에 어찌 세속의 회한이 없을 수 있겠는가.

마침내 표충사에서 이산가족 상봉이 이루어졌다. 손자는 아내와 자식을 데리고 와서 할아버지가 고요 속으로 떠나기 전 처음

표충사에 모셔진 사리탑 앞에
우두커니 서서 그를 느껴 보았다.
서래각 뒤편에 있는 자연거석을 옮겨 와
사리를 봉안했다고 한다.
평소 꾸밈없이 천진한 효봉의 삶과
잘 어울리는 것 같았다.
지금 이 순간에도 그의 가르침이
일천 강을 비추고 있다.

이자 마지막 인사를 드렸다. 손자며느리는 시할아버지를 위해 밤
을 꼬박 새워 잠옷을 만들기도 하였다. 비록 며칠밖에 입을 수 없
었지만, 세속의 정은 떠나는 이에게 온기를 전하고 있었다.

그런데 아쉽게도 효봉의 아들 이영발은 일본에 출장 중이었기
때문에 함께 오지 못했다. 손자는 할아버지에게 인사를 드리면서
눈물을 흘렸다. 효봉의 도심道心과 이찬형의 인심人心이 교차하고
있었다. 그의 입에서는 '무라, 무라!' 하는 화두 소리만 나지막이
흘러나왔다. 이인목은 아버지가 귀국하는 대로 다시 찾아뵙겠다
고 말하고 돌아갔다. 아들은 그리운 아버지를 보기 위해 서둘러
귀국했지만, 효봉은 이미 열반에 든 뒤였다. 그 며칠간의 시간이
얼마나 야속했을까. 부자간의 만남은 끝내 이루어지지 않았다.

일천 강에 비친 달

혈육을 만나 세속의 정을 나눈 효봉은 세상과의 인연을 다해가고 있었다. 주변의 제자들도 그런 분위기를 감지하고 있었다. 당시 효봉을 시봉하던 현호玄虎 시자가 가시기 전에 한 말씀 남겨주시라 조용히 청했다. 그는 이제까지 한 말들이 모두 군더더기인데 무슨 할 말이 더 있겠냐며 고개를 저었다. 그의 입에서는 '무라, 무라.'가 이어지고 있었다. 잠시 침묵이 흐른 뒤 그의 입가에 미소가 일면서 한 편의 시가 흘러나왔다. 효봉의 열반송이었다.

吾說一切法　　내가 말한 모든 법
都是早駢拇　　그거 다 군더더기.
若問今日事　　오늘 일을 묻는가?
月印於千江　　달이 일천 강에 비치리.

1966년 10월 15일(음력 9월 2일) 새벽 3시, 효봉은 제자들에게 '나 오늘 갈란다.'라고 말하였다. 순간 방안에 무거운 정적이 흘렀다. 구산이 진리의 스승에게 지금도 화두가 성성惺惺한지 묻는다. 스승의 입에서 '무라, 무라.' 하는 소리가 희미하게 들려왔다. 스승

"내가 말한 모든 법,
그거 다 군더더기,
오늘 일을 묻는가?
달이 일천 강에 비치리."

잠시 침묵이 흐른 뒤
그의 입가에 미소가 일면서
한 편의 시가 흘러나왔다.
효봉의 열반송이었다.

과 제자는 이별의 순간에도 마음과 마음으로 진리의 문답을 나누
고 있었다. 이런 아름다운 모습을 어디에서 쉬이 볼 수 있겠는가.
오전 10시 정각, 효봉은 가부좌한 채 그렇게 고요 속으로 들었다.
세수 79세, 법랍 42년의 삶이 인연을 다하는 순간이었다. 표충사
도량에는 효봉의 입적入寂을 알리는 108번의 열반 종소리가 울려
퍼지고 있었다.

　효봉의 문도들은 표충사에서 조용히 다비식을 치르려 했으나, 종정을 지낸 분을 그리 보낼 수 없다는 종단의 강력한 요청이 있었다. 그래서 장례식은 서울 조계사에서 7일간의 종단장으로 거행되었다. 장례행렬 때에는 그와 마지막 인사를 나누려는 수만의 인파들로 종로 사거리가 인산인해를 이루었다. 다비식은 수유리에 자리한 화계사華溪寺에서 치러졌는데, 그의 몸에서는 영롱한 53과의 사리가 나왔다. 사리는 그와 인연이 깊은 송광사를 비롯하여 용화사와 미래사, 표충사에 모시게 되었다.

　효봉은 고요 속으로 떠나면서 자신이 말한 모든 법을 군더더기라고 하였다. 도인에게는 군더더기일지 몰라도 생사의 미망에서 헤매고 있는 중생들에게 그의 수많은 법문은 여전히 귀하디귀한 가르침으로 남아 있다. 그것은 어둠에서 벗어나 마음의 눈을 뜰 수 있는 친절한 안내서이기 때문이다. 오늘의 일(今日事), 그러니까 '나란 무엇이며, 어떻게 살 것인가?'를 고민하는 이들에게 그는 일천 강에 비친 달로 화답하고 있다. 그런데 과연 그 법문을 들을 수 있을 만큼 우리의 마음 밭(心田)이 잘 가꾸어졌을까?

　효봉이 박정희 대통령 생일에 초대되어 경무대로 간 적이 있었다. 대통령은 이렇게 와 주셔서 감사하다는 인사와 함께 효봉의 생일에 자신도 초대해 달라고 말한다. 그의 답변은 이랬다.

"생불생生不生 사불사死不死입니다. 살아도 산 것이 아니요 죽어도 죽은 것이 아닌데, 어찌 생일이 따로 있을 수 있겠습니까?"

효봉을 공부하면서 나도 모르게 '와!' 하는 감탄사가 나왔던 부분이다. 당대 최고의 권력 앞에서도 삶과 죽음이 둘이 아닌(不二) 불생불멸不生不滅의 경지를 자유자재로 드러냈기 때문이다. 우리는 삶은 좋고 죽음은 나쁜 것이라고 둘로 나누어 생각하곤 한다. 그러나 죽음은 얼음이 녹아서 물이 되고 그 물이 끓어서 수증기로 변하는 것과 다르지 않다. 얼음과 물, 수증기는 모두 모양만 바뀌었을 뿐 H_2O라는 동일한 본질을 갖고 있다. 삶이 곧 죽음이고 죽음이 곧 삶이라는 뜻이다. 효봉도 마찬가지다. 그는 죽었지만 죽은 것이 아니다. 그래서 그가 떠나는 날 하늘은 슬퍼하거나 울지 않았다. 그저 아무 말 없이 무심無心하게 있었을 뿐이다. 하늘은 본래 그렇다.

표충사에 모셔진 사리탑 앞에 우두커니 서서 그를 느껴 보았다. 이곳 사리탑은 다른 사찰에서 보는 것과 사뭇 다른 모습이다. 서래각 뒤편에 있던 자연거석自然巨石을 옮겨 와 사리를 봉안했다고 한다. 천진보탑天眞寶塔이라고 새겨진 비석이 눈에 들어왔다. 평소 꾸밈없이 천진한 효봉의 삶과 잘 어울리는 것 같았다. 인위

적이지 않고 자연스러운 모습 또한 아름답게 느껴졌다. 하늘에서 비가 계속 내리고 있었다.

시인 두보(杜甫, 712~770)는 "좋은 비는 때를 안다(好雨知時節)."고 노래하였다. 「법성게」에서도 "중생들을 이롭게 하는 보배 비가 허공에 가득하다(雨寶益生滿虛空)."고 하였다. 문제는 우리들 마음 그릇이 좋은 비, 보배 비를 담을 수 있을까 하는 것이다. 효봉을 공부하는 이유도 마음 밭을 잘 가꾸어 좁디좁은 그릇을 키우기 위한 것이 아닐까 생각해 본다. 지금 이 순간에도 그의 가르침이 일천 강을 비추고 있다.

삶이 곧 죽음이고
죽음이 곧 삶이다.
효봉도 마찬가지다.
그는 죽었지만 죽은 것이 아니다.
그래서 그가 떠나는 날
하늘은 슬퍼하거나 울지 않았다.
그저 아무 말 없이 무심하게 있었을 뿐이다.
하늘은 본래 그렇다.

2부

사유의 길

체험과 해석

깨구락지 선생님

지난 1년간 효봉이 수행한 도량을 답사하면서 생애를 정리해 보았다. 그간의 순례를 통해 느낀 점은 그가 평생을 수행자의 삶으로 일관했다는 것이었다. 효봉은 열반에 드는 순간까지 '무無' 자 화두를 놓지 않았다. '무라, 무라!' 참구하면서 이승과 작별하는 모습은 마음공부 하는 이들에게 깊은 감동을 주었다.

이제 그의 사상을 정리할 차례다. 그런데 조금 난감하다. 그는 자신의 사상 체계를 세우고 저술을 통해 드러낸 학자가 아니기 때문이다. 효봉은 깨침의 샘물을 직접 마신 명안종사明眼宗師로서 대중들과 함께 수행을 하고 진리의 길을 보여 주었을 뿐이다. 어쩌면 흩어진 흔적을 모아 토대를 세우고 그가 이 시대에 남긴 의미를 모색하는 일은 후학의 몫이 아닐까 싶다. 지금 이 글을 쓰는 의미도 여기에서 찾고 싶다.

어디서부터 시작을 해야 할까? 문득 2,600여 년 동안 이어 온 불교의 다양한 사상 체계가 붓다의 깨침을 원천으로 한다는 사실이 떠올랐다. 근본불교를 시작으로 대승불교, 중국불교, 한국불교 등은 시대와 사회, 문화적 배경을 달리하고 있지만 붓다의 깨침을 떠나서는 이야기할 수 없다. 효봉의 사상 역시 그가 깨친 체험에 모두 녹아 있다. 다시 말하면 깨친 눈으로 바라본 인간과 세계의 모습이 중심을 이룰 수밖에 없다는 뜻이다. 기본으로 돌아가 그의 깨침에 먼저 주목하는 이유도 여기에 있다.

그런데 문제는 깨침과 해석 사이에는 넘을 수 없는 카테고리의 벽이 존재한다는 사실이다. 붓다의 깨침을 언어는 물론 생각의 길마저 끊어진(言語道斷 心行處滅) 체험이라고 말하는 이유다. 이러한 단절을 이해하지 못하면 언어라는 나무에 집착하여 전체 숲을 보지 못하는 오류에 빠질 수 있다. 효봉이 남긴 어록이나 표현에 지나치게 얽매여 그가 전하고자 하는 맥락이나 의미를 놓칠 수 있다는 뜻이다. 이때 필요한 것이 무엇일까? 바로 지적, 혹은 논리적 겸손이다. 이는 깨침이라는 종교적 체험과 언어적 표현 사이의 괴리와 간극을 이해했을 때 나오는 공부인(工夫人)의 자세다.

몇 해 전의 일이다. 불교대학을 졸업한 어느 학인을 아주 오랜

만에 만났는데, 갑자기 "깨구락지 선생님이 아니십니까?"라고 말하는 것이었다. 무슨 말씀이냐고 물었더니, 내 이름은 기억나지 않지만 수업 시간에 들은 우물 안 개구리 이야기가 인상적으로 남아 있어서 그렇게 불렀다는 것이다.

평소 불교 강의를 할 때 깨침이라는 붓다의 종교적 체험과 그에 대한 해석 사이에 어떤 간극이 있는지 설명하기 위해 우물 안 개구리의 비유를 자주 들려주곤 한다. 이보다 좋은 비유를 찾을 수 없어서 글을 쓸 때도 많이 인용하는 편이다. 이번에도 역시 개구리 이야기를 해야 할 것 같다. 원로 종교학자 오강남의『열린 종교를 위한 단상』이라는 책에 나오는 이야기다.

우물 안에 여러 개구리들이 살고 있었는데, 그들은 모두 그곳에서 보이는 하늘이 하늘의 전체 모습이라 여기고 있었다. 유독 한 개구리만 '과연 그럴까?' 하는 문제의식을 가지고 우물 밖으로 나가서 직접 확인하려고 하였다. 몇 번의 시도를 했지만 쉽사리 나갈 수 없었다. 아무리 힘차게 점프를 해도 우물이 너무 깊었던 것이다.

동료들의 만류에도 불구하고 그는 온갖 힘을 다해서 끊임없이 시도하였고 마침내 우물 밖으로 나갈 수 있었다. 순간 그는 '아!' 하는 탄성 이외에는 아무런 말도 할 수 없었다. 우물 안에서 본 것과 달리 하늘은 끝이 보이지 않았으며 넓은 들판과 높은 산, 시냇물 등 새로운 세계가 눈앞에 펼쳐졌기 때문이다. 그는 이 멋진 신세계를 마음껏 즐기다가 문득 동료들에게도 보여 주고 싶다는 생각에 다시 우물 안으로 돌아오게 된다.

그런데 심각한 문제가 발생하였다. 그는 우물 밖에서 체험한 이야기를 장황하게 늘어놓았지만, 이를 알아듣는 동료가 하나도 없었기 때문이다. 들판과 산, 강 등은 우물 안에서는 볼 수 없는 광경이었던 것이다. '어떻게 하면 우물 밖 세계를 이해시킬 수 있을까?' 깊은 고민 끝에 그는 넓은 들판의 크기를 볼록 튀어나온 내 똥배의 2배만큼이나 넓다고 설명한다. 그제야 동료들은 알았다는 듯이 고개를 끄덕였다. 그만한 크기의 들판은 존재하지 않는데 왜 2배라고 했을까? 이유는 단순했다. 우물 안에서 가장 큰 숫자는 2였기 때문이다. 비록 들판의 실재(reality)와는 달랐지만, 그들을 이해시키는 데는 좋은 방편이었던 것이다.

지적, 혹은 논리적 겸손

눈치챈 독자들도 있겠지만, 우물 밖으로 나간 개구리는 붓다나

예수, 마호메트와 같이 깊은 종교적 체험을 한 인물을 가리킨다. 그들은 자신이 체험한 세계를 우물 안 언어로 표현하기 어렵다는 것을 알고 있었다. 앞서 언급한 것처럼 붓다의 깨침을 언어도단言語道斷이라고 말했던 이유다.

그러나 표현할 수 없다고 해서 침묵으로 일관하거나 우물 밖 세계에 안주했다면 역사는 그들을 기억하지 않았을 것이다. 그들은 모두 우물 안으로 돌아와서 개구리들이 이해할 수 있는 언어로 바깥소식을 전해 주었다. '2배'라는 상징(symbol)을 통해서 말이다. 2배는 기독교의 바이블, 불교의 대장경, 이슬람교의 코란 등과 같은 성전을 가리킨다. 모두 우물 안의 방편을 통해서 우물 밖의 세계를 설명하고 있는 셈이다.

붓다를 가리키는 호칭 가운데 여래如來라는 말이 있다. 여如는 진리, 즉 우물 밖 '있는 그대로'의 실상을 의미한다. 진리의 세계에 갔다가(如去) 중생들에게 그 소식을 전해 주기 위해 다시 돌아온(如來) 분이라는 뜻이다.

위대한 종교인들은 모두 그와 같은 삶을 살았다. 효봉 역시 38세라는 늦은 나이에 출가했지만 금강산 토굴에서 1년 6개월 동안의 무문관無門關 수행 끝에 우물 밖으로 나갈 수 있었다. 그리고 우물 안으로 다시 돌아와 고요 속으로 떠나는 날까지 그곳의 소식을 중생들에게 전해 주기 위해 온갖 노력을 기울였다. 효봉 역시 우물 안과 밖의 간극을 누구보다 절실히 느끼고 있었다. 그가 열반에 들면서 자신이 말한 모든 법을 군더더기(吾說一切法 都是閑駢拇)라고 했던 이유도 바로 여기에 있다. 하지만 중생들에게 군더더기는 우물 밖 소식을 들을 수 있는 귀한 소식통이었다.

서구 중세철학을 대표하는 인물로 토마스 아퀴나스(Thomas Aquinas, 1225?~1274)가 있다. 그는 『신학대전』을 비롯하여 많은 양의 지적 산물을 남겼는데, 성 니콜라우스(St. Nicholas, 270~343) 축일 미사를 보던 중 우물 밖으로 나가는 종교체험을 하게 된다. 그가 죽기 몇 달 전의 일이다. 신비체험 이후 토마스는 붓을 꺾어 버리고 만다. 우물 안에서 열심히 바깥 세계를 그리다가 직접 우물 밖으로 나가 보니 자신이 그동안 썼던 수많은 글들이 실재와 다르다는 것을 느꼈기 때문이다. 우물 안의 언어로 '2배'라고 말했다고 해서 들판의 실제 크기가 개구리 똥배의 2배가 되는 것은 아니다. 그는 이 체험을 통해서 지적, 혹은 논리적 겸손이 필요하다는 것을 배우게 되었다. 왜 글을 쓰지 않느냐는 하인의 질문에 토마스가 남긴 유명한 말이다.

"나는 그럴 수가 없네. 내가 기도하면서 본 것에 비하면, 내가 쓴 것은 지푸라기에 불과하다네."

토마스 아퀴나스가 말한 지푸라기와 효봉이 남긴 군더더기가 묘하게 통한다는 느낌을 받는다. 둘 다 체험과 해석의 간극과 한계를 알았기 때문에 나올 수 있는 말이 아닐까 싶다. 다만 효봉이 우물 안으로 돌아와서 오랜 시간 대중들을 위해 우물 밖 소식을 다양한 방식으로 전했다면, 토마스는 49세라는 많지 않은 나이에 세상을 떠났다는 사실이다. 토마스가 좀 더 오래 살았더라면, 이전과는 다른 방식으로 우물 밖 세계를 전하지 않았을까 하는 생각을 해 본다. 종교체험을 하기 전과 이후의 삶이 같을 수는 없을 테니까 말이다.

체험과 해석의 간극을 이해했다면, 이제 본격적으로 효봉의 사상을 살펴볼 차례다. 한 인물의 선사상을 고찰하는 전형적인 방법이 있다. 먼저 그가 우물 밖 세계, 즉 마음을 어떻게 그렸는지를 알아보는 일이다. 선불교에서는 우물 밖 실재의 세계를 마음 '심心' 한 글자로 압축하였다. 그 마음에 관한 성찰을 심성론, 혹은 진리관이라 한다. 이것이 중요한 이유는 마음을 어떻게 보는가에 따라 수행의 방향이 결정되기 때문이다. 예컨대 우두종牛頭宗처럼 마음의 고요한 바탕을 강조한다면 수행 역시 그런 방향으로 흐를 것이며, 홍주종洪州宗과 같이 마음의 활동적인 측면을 중시한다면 수행도 이를 따르게 되는 것이다. 이는 선불교 각 종파의 정체성과 관련된 문제이므로 당연히 중시될 수밖에 없다.

이러한 선의 기초 공사가 끝나면 마음을 어떻게 깨치고 닦을 것인가 하는 수증론修證論, 혹은 실천론으로 이어진다. 한국불교에서 지금까지 깨침과 닦음의 논쟁이 되고 있는 돈오점수頓悟漸修와 돈오돈수頓悟頓修, 간화선을 비롯한 다양한 수행 체계, 정혜쌍수定慧雙修 등이 여기에 속한다. 비유하자면 우물 안에서 밖으로 나가는 방법에 관한 문제라 할 것이다. 효봉의 사상 역시 이러한 진리관과 실천론에 입각해서 살펴볼까 한다. 앞으로의 여정은 효봉이 체험한 우물 밖 마음의 세계를 탐험하는 즐거운 소풍이 될 것이라 기대해 본다.

마음이란?

우물 안에서 바라본 마음

마음이란 과연 무엇일까? 이를 규명하기 위해 뇌 과학을 비롯한 심리학, 철학 등 여러 분야에서 연구하고 있지만 아직까지 그 비밀을 완벽하게 풀 수 있는 열쇠는 나오지 않고 있다. 대체로 과학자들은 마음을 뇌의 작용이라고 생각한다. 이러한 사유는 치매나 자폐증 같은 정신질환의 원인을 규명하고 치료하는 데 많은 도움을 주고 있다. 이는 곧 뇌가 인간의 마음을 이해하는 주요한 근거로 작용한다는 것을 의미한다.

물론 이에 동의하지 않는 이들도 많다. 그들은 마음은 정신이고 뇌는 물질인데, 어떻게 눈에 보이는 물질에서 보이지 않는 정신 작용이 발생할 수 있는가 하는 문제를 제기한다. 뇌로부터 마음이 만들어졌다는 구조를 해명하는 데 한계가 있다는 것이다.

이처럼 마음을 바라보는 시선은 다양하지만, 우리의 뇌가 많은 착각을 일으킨다는 것은 대체로 동의하는 것 같다. 말하자면 뇌는 눈과 귀, 코, 입, 몸 등 오감五感을 통해 받아들인 대상을 일정하게 인식하는 것이 아니라 각자의 경험이나 주위 환경에 따라 서로 다르게 해석하고 그 과정에서 혼동을 일으킨다는 뜻이다.

예를 들어 아프리카 어느 오지의 마을에서 드론을 공중으로 띄웠다고 해 보자. 그곳에 사는 원주민은 그것을 드론이라 인식하지 못하고 특이하게 생긴 새라고 판단할 것이다. 그들의 뇌에 드론에 대한 정보가 입력되지 않았기 때문이다. 대신 날개가 있고 하늘을 나는 것은 새라는 정보가 저장되어 있어서 드론이 새로 보이는 것이다. 영화「부시맨」에서 주인공이 생전 처음 보는 콜라병을 밀가루 반죽을 미는 데 사용하는 홍두깨로 인식한 것과 같다.

이처럼 우리는 뇌에 입력된 정보를 통해서 사물을 인식할 수밖에 없다. 이 과정에서 사물에 대한 왜곡이나 선입견, 편견 등은 웬만해서는 피하기 힘들다. 예를 들어 어느 집에 놀러갔는데, 강아지가 거실에서 오줌을 싸는 장면을 보았다고 해 보자. 주인이 그곳을 아무리 깨끗이 닦는다고 해도 그 자리에 앉기는 쉽지 않다. 우리의 뇌에 강아지가 오줌 싸는 모습이 입력되었기 때문에 더럽다고 느끼는 것이다. 만약 그 장면을 보지 않았다면 조금의 주저함도 없이 앉았을 것이다. 뇌에 오줌 싸는 장면이 저장되지 않았으니까 말이다.

이런 이야기를 하는 이유는 중생들 세계에서 수많은 착각과 왜곡을 일으키는 바로 그 마음이 선불교에서 가장 중시하는 주제이기 때문이다. 깨쳐야 할 대상도 마음 이외에 다른 것이 아니며, 닦아야 할 그 무엇도 결국 마음으로 압축되는 것이다. 그 마음의 정체를 찾기 위해 누군가는 지금도 어느 이름 모를 토굴에서 복사뼈가 부서지도록 정진에 정진을 거듭하고 있을 것이다. 효봉이 금강산 토굴에서 1년 6개월 동안 밖으로 나오지 않고 찾아 헤맨 것도 다름 아닌 마음이었다.

앞선 글에서 살펴본 것처럼 우물 안에 사는 개구리가 인식한 하늘의 크기는 자신의 눈으로 바라본 것을 넘어설 수 없다. 그것이 우물 안 개구리의 한계다. 하지만 우물 밖을 나간 개구리의 시선은 많이 다르다. 우물 안에서 본 것과는 비교할 수 없을 만큼 끝없이 펼쳐진 하늘을 눈으로 직접 보았기 때문이다. 우물 안의 중생과 우물 밖을 나가 본 부처의 시선이 같을 수는 없다는 뜻이다. 마음 역시 마찬가지다. 여러 학문 분야에서 열정을 쏟아 가며 밝히고 있지만, 그 역시 우물 안이라는 한계를 벗어나기는 힘들다. 우리가 우물 밖을 체험한 이들의 가르침에 귀 기울이는 이유도 '있는 그대로'의 하늘, 즉 마음의 참 모습을 알기 위해서다.

효봉은 치열한 수행 끝에 우물 밖을 직접 나가 마음의 세계를 체험한 선사다. 그는 끝없이 펼쳐진 하늘을 보았고 우물 안에서는 상상할 수 없는 넓은 들판을 달려도 보았다. 불교식 표현을 빌리자면 법열法悅, 즉 진리를 깨친 즐거움을 한없이 누린 것이다. 그런데 그는 깨침의 즐거움을 만끽만 한 것이 아니라 우물 안의 벗들에게 이 멋진 마음의 소식을 전해 주고 싶었다. 그러기 위해서는 우물 밖의 세계가 얼마나 멋진지를 설명해야 했다. 비록 저 넓은 들판을 개구리 똥배의 2배라고 표현했지만, 그렇게라도 해서 바깥소식을 알리고 싶었던 것이다. 이것이 진리를 깨친 모든 붓다들의 한결같은 모습이었다. 좋은 것을 함께 나누고 싶은 마음, 그것이 우물 안으로 다시 돌아온 이유다.

선禪에서는 우물 밖 마음의 세계를 법法이라는 한 글자로 압축하고, 안에서 밖으로 나가기 위한 실천을 인人이라는 단어로 표현한다. 한마디로 법은 마음이며, 인은 깨치고 닦는 실천체계라고 이해하면 된다. 우물 안으로 돌아온 효봉은 다양한 방법으로 우물 밖 세계를 전하고자 하였다. 어떻게 해서라도 우물 안 중생들이 진리의 샘물을 마실 수 있도록 도와주는 것을 자신에게 주어진 소명이라 느꼈던 것이다.

그는 안과 밖의 모습이 다르다는 것을 알리기 위해 석가모니 붓다가 그랬던 것처럼 수많은 말들을 쏟아 냈다. 효봉이 남긴 법문들이 바로 그 흔적들이다. 이를 통해 우물 안에서는 뇌의 왜곡이나 착각이 일어날 수밖에 없다는 사실을 우리는 알 수 있었다. 그리고 우물 밖이 어떤 모습인지 상징이나 은유로나마 알려고 노력하고 있는 것이다. 지금 쓰고 있는 이 글도 마찬가지다. 그렇게 하지 않으면 우물 밖으로 나가려는 생각 자체를 할 수 없을 테니까 말이다.

깨친 눈에 비친 마음

선불교를 대표하는 키워드는 누가 뭐라 해도 '마음(心)'이다. 석가모니 붓다는 존재의 실상을 깨치고 그 내용을 우리가 아는 연기緣起의 진리나 삼법인三法印 등으로 압축하여 설명하였다. 즉 우물 밖의 세계가 어떻게 존재하는지 살펴보고 연기와 무상無常, 무아無我라는 우물 안 언어를 통해 그 소식을 우리에게 전해 준 것이다. 그런데 선불교에 이르게 되면 존재의 실상을 마음 '심心' 자 한 단어로 압축한다. 마음만큼 시도 때도 없이 작동하면서 우리의 일상에 지대한 영향을 주는 존재도 없기 때문이다.

우리의 마음은 기분이 좋을 때는 한없이 관대하다가 조금이라도 틀어지면 바늘구멍 하나 들어가지 못할 정도로 작아지고 만다. 마치 바람에 흔들리는 갈대처럼 마음도 매일같이 이리저리 흔들리면서 각자의 삶에 깊숙이 관여하고 있다. 그러니 이놈의 정체를 규명하지 않고 어찌 삶과 죽음을 논할 수 있겠는가.

앞서 언급한 것처럼 우물 안에서는 뇌에 저장된 정보에 따라 대상을 인식한다. 그러니까 마음에 대한 담론도 우물 안에서 보는 하늘의 크기만큼 한정될 수밖에 없다는 뜻이다. 우물 밖 소식을 잘 모르니까 어쩔 수 없는 일이다. 그렇다면 깨친 눈에 비친, 즉 우물 밖에서 바라본 마음은 어떤 모습을 하고 있을까? 비록 우물 안의 언어지만 효봉의 말을 통해 가늠해 보기로 하자.

"이 신령스러운 각성(靈覺性)은 본래 허공과 그 수명이 같아서 생기는 것도 아니고 멸하는 것도 아니며, 있는 것도 아니고 없는 것도 아니며, 느는 것도 아니고 주는 것도 아니다. 깨끗한 것도 아니고 더러운 것도 아니며, 방소(方所)도 없고 끝도 없으며, 형상도 없고 이름도 없어서 지혜로도 알았다 할 수 없고 말로도 통했다 할 수 없으며, 경계로도 얻었다 할 수 없고 힘으로도 미칠 수 없다."

　여기서 우리는 우물 밖으로 나간 개구리가 끝없이 펼쳐진 하늘을 향해 외치는 사자후를 듣게 된다. 우물 안에서는 기쁘고 슬픈 마음이 일었다가 사라지기를 반복하기 때문에 어떤 사람은 마음이 실제로 존재한다고 생각한다. 그러자 다른 이가 마음은 존재하지 않는다고 반박을 한다. 거실에서 강아지가 오줌 눈 자리를 흔적도 없이 닦았는데, 누구는 더럽다 하고 다른 이는 깨끗하다 한다. 벗들과 술을 마시다가 한 병이 남았는데, 한 병밖에 남지 않았다고 투덜대는 사람이 있는가 하면 누군가는 한 병이나 남았다고 말한다. 이것이 바로 우물 안에서 꼴값을 떨고 사는 중생들의 자화상이다.

　그렇다면 우물 밖에서 바라본 마음은 어떤 모습일까? 이를『반야심경』버전으로 표현하면, 본래 나지도 멸하지도 않는다(不生不滅). 어디 그뿐인가. 마음은 더럽지도 깨끗하지도 않으며(不垢不淨) 늘지도 줄지도 않았던(不增不減) 것이다. 다만 우리가 뒤바뀐 헛된 생각(顚倒夢想)에 빠져 그러한 실상을 모르고 있었을 뿐이다.

　문제는 이러한 소식을 전하려 했더니 언어의 길도 끊어져 있고(言語道斷) 마음으로도 헤아릴 수 없다(心行處滅)는 것이다. 위의 인용문에 '~이 아니다.'라는 말이 많이 나오는 이유도 여기에 있다. 우물 안 언어로는 무엇이라 규정할 수 없기 때문에 부정하는 말이

동원되는 것이다.

　또한 선사들은 '마지못해, 혹은 억지로'라는 의미의 '강强' 자를 주로 사용한다. 마음이란 말도 마지못해 하는(强曰心) 것이다. 그렇게라도 해야 "아, 그렇구나! 우물 밖이 그런 모습이구나." 하고 고개를 끄덕이며 우물 밖으로 나가려는 마음을 낼 수 있기 때문이다.

　이런 점에서 보면 우물 밖을 나간 선사들도 마음의 소식을 전하느라 무척 고단했을 것 같다는 생각이다. 그러니 우물 안에서 내가 본 것만 옳다고 꼴값 떠는 일은 그만 하는 것이 어떨까? 앞의 글에서 언급한 것처럼 지적, 혹은 논리적으로 겸손하자는 말이다. 그래야 진리의 샘물을 마신 효봉의 말꼬리가 아니라 말머리(話頭)를 꽉 잡을 수 있지 않겠는가. 이것이 그를 제대로 아는 길이라 믿는다.

마음 찾는 길

마음을 찾는 이유

불교를 공부하는 이유가 무엇이냐는 물음에 적지 않은 사람들이 마음을 찾기 위해서라고 답을 한다. 그렇다면 마음을 찾는 이유는 어디에 있을까? 무엇보다도 마음을 잃어버렸다는 것을 스스로 느끼기 때문이다. 이는 곧 현대인의 병으로 일컬어지는 자기 상실, 혹은 자기 소외를 실감하고 있다는 뜻이기도 하다.

사찰 법당의 벽에서 흔히 볼 수 있는 심우도尋牛圖는 마음을 잃어버린 우리의 모습을 상징적으로 보여 주고 있다. 십우도十牛圖, 혹은 목우도牧牛圖로도 불리는 이 그림은 소를 잃어버린 목동이 소를 발견하고 길들여서 집으로 돌아오는 과정을 담고 있다. 여기에서 소는 마음을 의미한다. 그러니까 심우도는 잃어버린 마음을 찾아 떠나는 여정이라 할 수 있다.

그런데 문제는 많은 사람들이 마음을 잃어버렸다는 사실을 모르고 산다는 데 있다. 마치 목동이 소는 살피지 않고 낮술에 취해 깊은 잠에 빠져 있는 것과 비슷하다. 그 낮술이 무엇이겠는가. 바로 다른 사람보다 더 많이 소유하려는 탐욕(貪)과 이것을 충족하지 못해 일으키는 성냄(瞋), 그리고 존재의 실상을 모르는 어리석음(癡)이 그것이다. 한마디로 삼독三毒의 술에 취해 있기 때문에 마음이 어디로 사라졌는지 모른 채 살고 있는 것이다. 언젠가 붓다는 자신들의 물건을 훔쳐 달아난 여인을 찾느라 여기저기 헤매는 청년들에게 이렇게 말한 적이 있다.

"젊은이들이여, 지금 달아난 여인을 찾는 것과 자기 자신을 찾는 것 중에 어느 것이 더 중요한가?"

붓다의 이 질문을 들으면서 문득 이솝우화 「돼지들의 소풍」이 떠올랐다. 자기 자신은 빼고 다른 돼지들만 세고 있는 모습이 젊은이들과 많이 닮아 있기 때문이다. 이는 우리 삶에서 가장 중요한 자기 자신을 소외시키고 다른 돼지들로 상징되는 돈이나 물질, 권력 등에 주연 자리를 내주는 모습과 다르지 않다. 자신의 인생을 다룬 영화임에도 불구하고 돈과 아파트, 자동차만 등장하고 정작 주연은 보이지 않는 이상한 영화를 찍고 있는 것이다.

그렇다면 이때 필요한 것이 무엇일까? 바로 '왜 영화 속에 내가 보이지 않지?'라는 문제의식이다. 이러한 물음을 던질 때 비로소 자신이 무엇을 잃어버리고 사는지 알 수 있는 것이다. 마음공부가 시작되는 순간이다.

우리가 마음을 찾는 또 다른 이유는 이를 통해 현재 겪고 있는 불행과 고통에서 벗어날 수 있기 때문이다. 프랑스의 계몽주의 철학자로 널리 알려진 볼테르(Voltaire, 1694~1778)는 "나이에 맞는 지혜를 갖추지 못하면, 그 나이에 해당되는 온갖 불행을 겪게 된다."는 명언을 남겼다. 굳이 설명을 하지 않아도 누구나 공감할 수 있는 얘기다.

우리가 자기 나이에 걸맞은 지혜를 갖추지 못하는 이유는 마음을 찾지 못하고 헤매기 때문이다. 그래서 남녀노소 할 것 없이 어디를 향하는지도 모른 채 남들이 뛰니까 덩달아 뛰면서 행복하지 않은 삶을 사는 것이다. 이때 필요한 것이 바로 '내가 지금 뭐 하고 있는 거지?'라는 질문이다. 이런 근원적인 물음이 있어야 마음을 찾겠다는 마음을 낼 수 있으며, 불행한 삶에서 행복한 삶으로의 질적 전환이 가능한 것이다.

효봉은 마음을 잃어버리고 고통 속에 살고 있는 중생들을 불난

집에 비유한 적이 있다. 내가 살고 있는 집이 불타고 있는데도 그러한 사실을 모르고 있다는 것이다. 그는 뜨거운 고통 속에서 벗어나기 위해서는 마음을 찾는 길밖에 없다고 강조한다. 효봉의 말을 직접 들어보기로 하자.

"삼계는 마치 불타는 집과 같아서 오래 머물 수 없는 곳, 무상無常의 살귀殺鬼가 찰나 찰나 그치지 않고 귀천과 노소를 가리지 않는다. 이 살귀의 침해를 면하려면 무엇보다 먼저 부처를 찾아야 한다. 그 부처는 어디 있는가? 대중의 한 생각 그 마음의 청정한 광명이 바로 자가법당自家法堂의 법신불法身佛이요, 그 한 생각 마음의 분별없는 몸이 바로 자가법당의 보신불報身佛이며, 그 한 생각 마음의 무루지無漏智의 행동이 바로 자가법당의 화신불化身佛이다."

화택火宅의 비유는 『법화경』이나 지눌의 『수심결』에도 등장한다. 우리에게 필요한 것은 불타는 집에 있다는 사실을 자각하고 여기에서 속히 벗어나는 일이다. 그렇지 않으면 무상이라는 살귀가 우리의 삶을 불행과 고통으로 몰아넣을 것이기 때문이다. 『수심결』첫 구절에서는 "그런 고통을 어찌 참고 그대로 머물며 받으려 하는가(其忍淹留 甘受長苦)?"라고 우리에게 묻는다. 굳이 그 고통을 감수해야 할 이유가 없다는 뜻이다.

그렇다면 어떻게 해야 불타는 집에서 빠져나올 수 있을까? 효봉은 우리에게 부처를 찾아야 한다고 말한다. 자연스럽게 '어디로 가야 부처를 찾을 수 있을까?' 하는 질문이 이어진다. 그 영험하다는 설악산 봉정암이나 팔공산 갓바위를 올라가면 부처를 찾게 될까? 효봉은 아니라고 잘라 말한다. 왜냐하면 부처란 어떤 외적 대상이 아니라 바로 나의 마음이기 때문이다. 마음을 찾아야 하는 이유가 더욱 분명해진 셈이다.

절대로 밖에서 찾지 말라

앞서 잠시 언급했지만, 『법화경』에도 불타는 집에 대한 비유가 나온다. 여기서는 아이들이 불이 났다는 사실을 모른 채 집에서 놀고 있는 모습으로 그려지고 있다. 아버지가 밖에서 아무리 불이 났다고 소리쳐도 아이들은 모르고 있다. 왜냐하면 모두들 장난감 놀이에 정신이 팔려 있기 때문이다. 매우 위급한 상황인 것이다.

이때 아버지의 지혜가 작동하기 시작한다. 그것은 아이들이 갖고 있는 것보다 훨씬 좋은 장난감을 보여 줌으로써 밖으로 나올 수 있도록 유인하는 것이다. 장난감에 취한 아이들이 바로 중생들이며, 지혜로운 아버지는 붓다나 효봉과 같은 눈뜬 선지식을 가리킨다. 그들이 불난 집에서 빠져나올 수 있도록 우리들을 안전하게 인도하고 있는 것이다.

효봉이 안내한 길은 다름 아닌 부처를 찾는 일이다. 그는 우리에게 마음이 곧 부처이니 그것을 찾으러 멀리 가지 않아도 된다고 말한다. 그런데 사람들은 뭔가 특별한 것을 찾아 유명하다는 도량을 여기저기 돌아다니면서 기도를 한다. 그곳에서 뜻대로 되지 않으면, 자신의 소원을 이루어 줄 부처를 찾아 또 다른 영험한 곳으로 몸을 옮기곤 한다.

효봉은 이런 중생들의 모습에 일침을 가한다. 한마디로 부처란 특별한 것이 아니라 바로 이 마음이라는 것이다. 그러니 부처를 찾아 밖으로 헤매는 어리석은 행동을 그만두라고 힘주어 말한다. '절대 밖에서 찾지 말라(切莫外求).'는 말은 지눌이나 효봉을 비롯한 눈 밝은 스승들이 간절한 마음으로 우리에게 전하는 메시지다.

효봉은 마음속 스승인 지눌을 예로 들어 우리들 각자가 부처임을 분명히 밝히고 있다. 언젠가 한 승려가 부처란 무엇이냐고 묻자 환불幻佛을 말하는 것인지, 아니면 진불眞佛 말하는 것인지 지눌이 되물었다. 부처에도 환진幻眞이 있느냐는 물음이 이어지고 지눌은 있다고 대답하였다. 그러자 어떤 것이 환불이냐는 물음이 다시 이어졌고 지눌은 삼세三世의 모든 부처가 환불이라고 답하였다. 어떤 것이 진불이냐는 마지막 질문에 지눌이 최종적으로 결론을 내린다.

"그대가 바로 진불이니라."

지눌은 불자들의 신앙 대상인 삼세의 모든 부처를 왜 허깨비라고 했을까? 그것은 바로 자신이 부처인 줄 모르고 바깥 대상에만 의지하는 것을 경계하고자 했기 때문이다. 이처럼 부처를 외적 대상으로 여기면서 스스로를 성찰하지 않는다면 행복은 요원한 일이 되고 만다. 효봉은 나 자신이 참 부처이니 절대로 밖에서 찾지 말라는 것을 강조하기 위해서 지눌을 예로 들어 설명하고 있는 것이다.

몇 해 전 지눌의 생애와 사상을 에세이로 풀어 쓴『안다는 것, 산다는 것』을 출간한 적이 있다. 원고를 마무리하면서 김어준의 『건투를 빈다』에 나오는 재미있는 그림 한 장을 작가의 허락을 받아 에필로그에 실었다. 여기에는 쇠사슬로 발목이 묶인 청년이 도와달라고 손을 흔들고 있는 모습이 그려져 있다. 그런데 흥미로운 것은 쇠사슬을 풀 수 있는 열쇠가 이 청년의 목에 걸려 있다는 사실이다. 이를 모르면서 밖을 향해 도와달라고 소리치는 모습이 마치 우리들 중생을 닮아 있는 것 같아서 그림을 실은 것이다. 그림 속의 청년은 곧 내 마음이 부처임을 모르고 밖으로 떠도는 우리들의 자화상이다.

이 청년의 경우처럼 밖을 향해 도와달라고 아무리 외친다 해도 소용없는 일이다. 중요한 것은 나의 목에 열쇠가 있다는 것을 보는 일이기 때문이다. 이를 위해서는 밖으로 향하는 시선을 안으로 돌이켜야 한다. 그러면 모든 일이 순조롭게 해결된다. 그래서 선禪의 스승들은 간곡하게 말하고 있는 것이다. 너의 목에 고통에서 벗어날 수 있는 열쇠가 있으니 절대로 밖에서 찾지 말라고 말이다. 그 열쇠가 무엇이겠는가. 사람들이 찾고 있는 마음이자 부처인 것이다. 그러니 부처를 찾아 밖으로 이리저리 헤매는 우를 범하지 않았으면 좋겠다. 우리가 효봉을 공부하는 이유도 바로 여기에 있다.

깨침의 길

마음을 깨치지 못하는 이유

앞의 글에서는 깨친 눈에 비친 마음이란 무엇이며, 이것을 왜 찾아야 하는지에 대해 살펴보았다. 우물 밖을 체험한 이들은 비록 언어의 길이 끊어져(言語道斷) 무엇이라 규정할 수 없지만, 마음은 본래 삶과 죽음(生死), 오고 감(去來), 더럽고 깨끗함(染淨) 등 상대적인 모든 것을 초월한 바탕이라고 한결같이 말하고 있다. 이러한 마음을 찾는 이유는 그래야 비로소 생로병사의 고통에서 벗어날 수 있기 때문이다. 한마디로 불행한 삶을 청산하고 행복을 찾기 위해서 꼭 필요한 일이라는 뜻이다.

생로병사의 고통에서 벗어난 것은 깨침이나 해탈, 열반, 견성, 돈오 등 다양한 이름으로 불리지만, 비유하자면 우물 안에서 밖으로 나간 경우라 할 것이다. 그들은 우물 밖 소식, 깨침의 세계를 다양한 방식으로 보여 주고 있는데, 요약하면 두 가지 유형으로 구분할 수 있다. 하나는 그 체험을 자신만의 언어로 자유롭게 표현하는 유형이다. 이런 경우 중생들은 그것이 무엇을 의미하는지 쉽게 이해할 수 없다. 그저 고개만 갸우뚱할 뿐이다. 직접 우물 밖을 나가지 않고서는 그 의미를 헤아릴 수 없는 경우다.

다른 하나는 우물 안 동료들이 이해할 수 있는 방법으로 설명하는 것이다. 앞선 글에서 살펴본 것처럼 우물 밖 들판의 크기를 개구리 뚱배의 2배라고 말한 것처럼 말이다. 이는 진리의 샘물을 마시고 나온 언어, 즉 진리언어(Dharma language)를 우리들이 이해할 수 있는 일상언어(Everyday language)로 한 번 더 해석하는 수고를 필요로 한다. 여기에는 우물 안에서 작동하는 이성과 논리 등이 어느 정도 동원된다. 중생들을 향한 자비심이 없다면 할 수 없는 일이다. 지눌이나 효봉 등이 이런 유형에 속한다.

이처럼 친절하게 설명을 해 주는데도 불구하고 마음을 깨치지 못하는 이유는 어디에 있을까? 효봉은 당시 많은 승려들이 수십 년 동안 수행을 했는데도 생사의 문제를 밝히지 못하는 이유가 무엇일까 하는 문제의식을 가지고 있었다. 여러 가지 원인이 있겠지만, 효봉은 두 가지로 압축하였다. 첫 번째 원인으로 수행자들이 나와 세계를 분별하는 이원적 세계관에 바탕을 두고 있기 때문이라고 지적한다. 효봉의 말을 직접 들어 보기로 하자.

"너와 나란 분별은 바로 생사의 근본이요, 생사는 너와 나라는 분별의 지엽이다. 이 지엽을 없애려면 먼저 근본을 없애야 하는 것이니, 근본이 없어지면 지엽이 있을 수 있겠는가."

이처럼 효봉은 수행자들이 마음을 깨치지 못하고 생사生死를 윤회하는 이유를 분별심에서 찾고 있다. 깨침을 위해서는 분별하는 마음을 소멸해야 한다. 그렇지 않는 한 생사의 고통으로부터 벗어나는 일은 요원할 뿐이다. 그렇다면 나와 너를 분별하는 이유는 어디에 있을까? 그 중심에 바로 '나'라고 하는 상(我相)이 자리하고 있다. 나에 대한 집착이 대상과의 분별을 낳고 생사의 고통으로 이어진다는 뜻이다. 불교에서 무아無我를 강조하는 이유도 바로 여기에 있다. 깨침이란 곧 나와 너를 가르고 있는 벽이 깨지는 체험이다. 깨짐이 곧 깨침인 셈이다.

　수행자들이 마음을 깨치지 못하는 두 번째 이유는 우리 안에 큰 보배 창고(一大寶藏)가 있다는 사실을 전혀 모르기 때문이다. 효봉은 자신의 보배 창고를 보지 못하는 이들을 위해 다음과 같이 말하고 있다.

"이 보배 창고는 남에게서 얻는 것이 아니라 오로지 자기의 믿음(信)이라는 한 글자에서 발견해야 한다. 그것을 믿으면 큰 실수가 없겠지만 그것을 믿지 못하면 아무리 여러 겁을 지내더라도 끝내 얻지 못할 것이다."

내 안에 귀하디귀한 보배가 있는데도 불구하고 이를 알지 못한 채 중생으로 살아가는 모습을 지적하고 있는 것이다. 그렇다면 효봉이 말한 보배 창고란 무엇일까? 그것이 바로 붓다의 DNA인 불성(佛性)이다. 우리는 모두 정신적으로 석가모니 붓다를 아버지로 해서 태어난 딸과 아들, 즉 불자(佛子)다. 본래부터 우리는 붓다의 성품을 갖추고 있다는 뜻이다. 효봉은 불성이라는 보배 창고에 대한 확실한 믿음이 있어야 생사의 고통에서 벗어날 수 있다고 말하고 있는 것이다. 효봉의 결론은 이렇다.

"보물 창고에는 모든 것이 다 갖추어져 있으니, 그 끝없는 수용(受用)을 다른 데서 구하지 말라."

절대로 밖에서 찾아서는 안 되는 이유가 더욱 분명해진 셈이다.

무엇을 깨칠 것인가?

이처럼 효봉은 수행자들이 마음을 깨치지 못하고 생사를 윤회하는 이유를 두 가지로 정리하였다. 한마디로 나에 대한 집착과 무지無知가 원인이라고 할 수 있다. 다른 사람보다 더 많이 가지려는 탐욕(貪), 그것을 충족시키지 못해 일어나는 성냄(瞋)과 어리석음(癡)은 바로 작은 나(小我)에 집착하기 때문에 일어나는 것이다.

그런 어리석은 소아는 본래의 내가 아니라는 것이 효봉이 파악한 인간의 모습이었다. 인간은 본래부터 너와 나의 경계가 없는 텅 빈 바탕으로 수많은 보배가 가득 들어 있는 불성 창고다. 이를 알지 못하기 때문에 자꾸만 나와 남을 구별하여 벽을 쌓고 중생살이를 하고 있는 것이다. 효봉은 집착과 무지에서 벗어나 자신의 참 모습을 깨치는 일이 중요하다고 보았다.

그렇다면 무엇을 깨칠 것인가 하는 문제도 여기에서 크게 벗어나지 않는다. 생사의 고통에서 벗어나지 못한 이유를 알았으니, 집착과 무지를 소멸시키면 되는 일이다. 집착을 비움으로, 무지를 지혜의 에너지로 전환시켜야 한다는 뜻이다. 따라서 깨침의 내용은 비움과 지혜로 압축할 수 있다.

먼저 비움이란 나와 너를 분별하는 마음을 텅 비우는 것이다.

이는 곧 본래의 공空한 바탕을 회복하는 일이기도 하다. 효봉의
정신적 스승인 지눌은 번뇌, 망상의 성품이 본래 공하다는 실상
을 깨쳐야 한다고 강조하였다. 효봉이 말한 깨침을 방해하는 요
소인 분별심 역시 번뇌, 망상일 뿐이다. 그런데 공한 바탕을 모르
고 그것이 실재한다고 생각하기 때문에 나와 너를 분별하면서 생
사를 윤회하고 있는 것이다. 효봉의 지적처럼 분별심이라는 근본
을 소멸하면 생사라는 지엽은 사라질 수밖에 없다.

둘째로 깨침의 내용은 내 마음이 본래 부처라는 사실이다. 이
는 선불교에서 생명이라 할 만큼 중요한 의미를 지닌다. 선불교
의 견성見性은 내가 곧 부처이며, 내 안에 불성佛性의 보배 창고가
있다는 것을 깨치는 종교적 체험이다. 이를 자각하는 것이 모든
수행의 기본이 되어야 한다. 이를 외면한 채 이루어지는 수행은
잘못된 방향으로 나갈 수밖에 없다. 효봉이 수십 년씩 수행을 한
사람들이 마음을 깨치지 못하는 이유를 여기에서 찾은 것은 매우
의미 있는 성찰이라 할 것이다. 그의 다음 말을 들어 보자.

"마음이 곧 부처이다. 위로는 모든 부처님으로부터 아래로는 미
물 곤충에 이르기까지 모두 불성이 있기 때문에 그들은 동일한 심
체心體이다. 그러므로 달마대사가 서천西天으로부터 와서 오직 일

심一心의 법을 전하시면서 중생들을 가리켜 본래 부처라 하신 것이다. 지금 자심自心을 알고 자성自性을 구할 것이요, 새삼스레 따로 다른 부처를 구하지 말아야 한다."

이처럼 우리 모두가 불성을 갖추고 있는데도 이를 모르는 이유는 어디에 있을까? 바로 삼독三毒의 술에 취해 있기 때문이다.『법화경』에는 의리계주衣裏繫珠, 그러니까 옷 안에 보석을 넣어 주었다는 이야기가 나온다.

어느 날 한 부자가 가난한 친구를 초대해서 맛있는 음식을 대접한 적이 있다. 친구는 음식과 술을 잔뜩 먹고서 잠에 빠져들었는데, 그때 부자는 값비싼 보석을 친구의 안주머니에 넣어 주었다. 보석을 팔아서 가난한 생활을 청산하라는 배려였던 것이다. 그런데 몇 년이 지나 다시 만난 친구는 여전히 가난에서 벗어나지 못하고 있었다. 자신의 주머니에 보석이 있다는 사실을 몰랐기 때문이다.

이 이야기는 우리에게 많은 것을 생각하게 한다. 여기에서 부자는 부처님이고 가난한 친구는 중생을 가리킨다. 우리 역시 가난한 친구처럼 귀한 보배를 가지고 있으면서도 그것을 모른 채 살아가고 있다. 그 귀한 보석이 무엇이겠는가. 바로 불성이자, 효봉이 말한 보배 창고다. 경전 속 가난한 친구는 자본과 권력, 물질에 취해 불성이라는 보배를 모르고 살아가는 오늘의 우리 모습을 꼭 닮아 있다. 그래서 효봉과 같은 선지식이 네 안의 보배를 발견해야 한다고 힘주어 말하고 있는 것이다.

이처럼 깨침은 나와 너는 본래 분별이 없다는 것과 내 안에는 불성이라는 귀한 보배가 있다는 내용으로 요약할 수 있다. 지눌의 표현을 빌린다면, 번뇌의 성품은 본래 공空하며 마음이 곧 부처라는 것이다. 이런 관점에서 효봉이 무문관을 박차고 뛰쳐나와 외친 사자후를 다시 한번 음미해 보았다.

海底燕巢鹿抱卵   바다 밑 제비집에 사슴이 알을 품고
火中蛛室魚煎茶   타는 불 속 거미집엔 물고기가 차를 달이네.

「효봉의 생애」에서 언급한 그의 오도송悟道頌 일부다. 이는 나와 세계 사이의 벽이 깨지고 모두가 하나 되는 깨침의 노래다. 나와 세계가 둘이라면 바다 밑에 제비집이 있고 그곳에서 사슴이 알을 품는 일은 감히 상상조차 할 수 없다. 벽이 깨졌기 때문에 가능한 일이다. 그렇다면 불 속 거미집에서 고기가 달여 주는 차 한 잔 마시는 것은 어떨까. 상상만 해도 환희심이 절로 일어난다.

닦음의 길

텅 빈 충만

"빈방에 홀로 앉아 있으면, 모든 것이 넉넉하고 충만하다. 텅 비어 있기 때문에 가득 찼을 때보다도 오히려 더 충만하다."

효봉의 제자 법정이 저술한 『텅 빈 충만』에 나오는 구절이다. 평생 무소유의 삶으로 일관했던 수행자의 향훈이 느껴지는 대목이다. 그런데 어떻게 텅 비었을 때 충만감을 느낄 수 있을까? 매우 역설적으로 다가오는 부분이다. 법정뿐만 아니라 깨침의 길을 걸었던 수많은 선사들은 한결같이 텅 빈 충만을 이야기한다.

실제로 방 안에 무언가로 가득 차 있으면 마음이 충만할 것 같지만, 오히려 답답하게 느껴질 때가 많다. 다른 것을 담을 수 있는 여지餘地가 없기 때문이다. 우리의 마음도 이와 같아서 잡다한 생각으로 가득하면, 다른 것을 수용할 수 있는 공간을 확보할 수 없다. 수많은 선지식들이 마음을 비우라고 했던 이유가 있는 셈이다.

이런 이야기를 하는 이유는 텅 빈 충만이 선(禪)에서 파악하고 있는 우리 본래의 마음과 통한다고 믿기 때문이다. 선의 생명은 마음이 곧 부처(心卽佛)임을 깨치는 데 있다. 그런데 부처인 마음은 본체(體)와 작용(用) 두 측면에서 설명할 수 있다.

먼저 마음의 본체는 텅 빈 바탕이며, 작용의 측면에서 본다면 충만함이라 할 수 있다. 이를 효봉의 스승인 지눌은 공적영지심(空寂靈知心), 즉 텅 비어 고요하면서도 신령스럽게 아는 마음이라 하였다. 공적영지 이외에도 부처인 마음을 체용(體用) 관계로 설명하는 용어들이 많다. 그래서 때로는 선사상을 이해하는 데 혼란을 느끼기도 한다. 선에서 자주 등장하는 표현을 다음과 같이 정리해 보았다.

본체(體) : 불변(不變), 성(性), 공적(空寂), 적(寂), 정(定) = 텅 빔
작용(用) : 수연(隨緣), 상(相), 영지(靈知), 성(惺), 혜(慧) = 충만

이처럼 부처인 마음은 두 가지 측면에서 다양하게 표현되고 있

다. 본체라는 말은 사물의 본질, 즉 본래(本)의 바탕(質)을 의미한다. 그러니까 마음은 본래 변하지 않는(不變) 고요한 바탕이라는 뜻이다. 그렇다고 해서 마음이 죽은 나무처럼 아무런 작용을 못하는 것은 아니다. 인연에 따라(隨緣) 다양한 모습으로 끊임없이 작동하고 있다. 이를 물이나 얼음, 수증기에 비유하면 어렵지 않게 이해할 수 있다. 물과 얼음, 수증기는 상황에 따라 다르게 작동하지만, 수소 원자 2개와 산소 원자 1개(H_2O)라는 본질을 공유하고 있다.

더운 여름날 시원한 아이스커피를 마시려면 얼음이 필요하며, 추운 겨울 따뜻한 차를 마시려면 물을 끓여야 한다. 또한 방 안 공기가 건조할 때는 가습기 등을 사용하여 수증기를 공급해 주어야 한다. 작용이 다르기 때문에 본질 또한 다르다고 생각할지 몰라도 실은 동일한 바탕이다. 우리들 본래의 마음 또한 고요함을 바탕으로 인연 따라 다양하게 작용한다는 것이 선불교에서 이해하고 있는 인간의 모습이다.

그런데 중생들은 이러한 실상을 모르고 어느 한쪽만을 마음의 본래 모습이라고 집착한다. 누군가는 적적(寂寂)한 것이 마음의 본질이라고 말하며, 또 다른 이는 마음은 성성(惺惺)하게 깨어 있는 바탕이라고 주장한다.

이처럼 어느 한쪽으로 치우쳐 이해하게 되면, 커다란 문제가 발생할 수 있다. 다시 말하면 마음에 대한 치우친 이해는 잘못된 수행으로 이어져 깨침의 길을 가는 데 방해가 된다는 뜻이다. 이는 마치 새가 한쪽 날개로는 하늘을 날 수 없는 이치와 같다. 우리의 마음도 새와 같아서 불변과 수연, 공적과 영지라는 양 날개가 균형과 조화를 이루어야 깨침을 향해 순항할 수 있다. 그래서 지눌은 "공적에도 떨어지지 않고(不墮空寂) 수연에도 빠지지 않아야 한다(不滯隨緣)."고 강조하였다. 효봉의 마음에 대한 이해 역시 스승과 다르지 않다. 효봉은 동화사 금당선원에서 이런 법문을 한 적이 있다.

"우리 종문宗門에서는 성적등지惺寂等持하여 정혜쌍수定慧雙修니 만약 이러지 못하면 어떻게 불조佛祖의 혜명慧命을 이을 것인가."

이 짧은 구절을 통해 효봉이 이해한 마음의 본질과 이에 기초한 수행의 길이 어떠한지 가늠해 볼 수 있다. 효봉은 지눌의 가풍을 계승하여 성적등지와 정혜쌍수가 불조의 혜명을 잇는 길이라고 강조하였다. 선의 수행체계에서 그만큼 중요한 의미를 갖는다는 뜻이다.

여기에서 주목할 것은 선정과 지혜를 함께 닦는 수행이 마음에 대한 바른 이해에서 나왔다는 사실이다. 바른 이해는 바른 수행의 기초가 된다. 텅 빈 충만에서 정혜쌍수의 실천이 나오는 것이다.

선정과 지혜를 함께 닦는 이유

앞서 언급한 것처럼 효봉이 강조한 정혜쌍수는 마음에 대한 바른 이해가 전제되지 않으면 나올 수 없는 수행체계다. 지눌은 마음에 대해 깊이 성찰하여 공적하면서도 영지한 바탕이라고 분석하였다. 그가 심성론心性論에 깊이 천착한 이유는 그것이 곧 마음을 깨치고 닦는 기초였기 때문이다. 기초가 튼튼하지 못하면 치우친 수행으로 이어질 수밖에 없다. 한마디로 마음을 잘못 이해하면 잘못된 수행이 나오게 된다는 뜻이다. 그렇게 되면 깨침의 길은 요원할 뿐만 아니라 중생살이에서 벗어날 수 없다.

마음의 한쪽 측면만 강조해서 치우친 수행으로 이어진 예를 우리는 중국의 홍주종洪州宗과 우두종牛頭宗을 통해 확인할 수 있다.

홍주종은 '평상심이 도(平常心是道)'라는 말로 유명한 마조도일(馬祖道一, 709~788)로부터 시작된 종파다. 이들에 의하면 우리의 마음은 이미 불성(佛性)이 실현된 상태이기 때문에 일상적으로 보고 듣고 느끼며 말하는 모든 것이 부처의 작용이라고 한다. 심지어 삼독三毒으로 상징되는 탐욕과 성냄, 어리석음도 불성의 작용이라고 생각하였다. 그렇기 때문에 여기서는 특별히 깨치고 닦는 일이 중요하지 않다. 그저 평상의 마음에 맡기면(但任心) 되는 일이다. 마음의 본체는 소홀히 한 채 작용만을 강조한 경우라 할 것이다.

이와 반대로 우두종에서는 불변하는 마음의 고요한 측면이 강조된다. 우두종은 우두법융(牛頭法融, 594~658)을 중심으로 세워진 종파인데, 이들에 의하면 존재하는 모든 것은 마치 꿈과 같아서 본래부터 일이 없고(無事) 사람들의 마음과 대상 또한 텅 비어 고요하다고 한다. 그렇기 때문에 여기에서는 고요하고 일 없는 가운데 자신의 마음을 맡기는 것이 중요하다. 수행의 요체 또한 일상에서 욕심이나 성냄, 미움 등의 감정이 일어나면 이것을 모두 잊는 것이다. 이러한 입장이 나오는 것은 우두종이 마음의 작용이 아니라 본체만을 강조했기 때문이다.

홍주종과 우두종에 대한 이러한 분석은 지눌의 저서인 『절요節要』에서 확인할 수 있다. 요약하자면 우두종이 마음의 공적한 측면만 강조하여 활동성을 소홀히 했다면, 홍주종은 마음의 작용만을 강조하여 고요한 바탕을 간과했다는 것이다. 마음은 본체와 작용, 성性과 상相, 정定과 혜慧가 서로 분리될 수 없는 하나인 바탕이다. 이런 이해에서 선정과 지혜를 함께 닦는, 균형과 조화를 이루는 실천이 나올 수 있는 것이다. 효봉은 스승의 가르침에 따라 정혜쌍수의 전통을 이었으며, 그것이 곧 붓다의 가르침을 영원히 계승하는 길이라고 믿었다.

효봉이 활동했던 당시에도 치우친 수행으로 인한 부작용이 무척 심각했던 것 같다. 마음의 고요한 측면만을 강조한 선사들은 아무런 활동도 하지 않은 채 그저 허송세월만 보내고 있었다. 이른바 치선癡禪, 즉 어리석은 선에 빠진 경우라 할 것이다. 반대로 모든 것을 불성의 작용이라고 생각해서 막행막식하는 이들도 있었다. 이러한 광선狂禪에 빠진 수행자를 향해 효봉은 다음과 같은 사자후를 외친다.

"슬프다! 예사로 공부하는 말세 중생들이 구두선口頭禪만을 배우고 실제의 이해는 전혀 없어 몸을 움직이면 유有를 행하면서 입을 열면 공空을 말한다. 스스로 업력業力에 이끌림을 알지 못하고 다시 남에게는 인과가 없다고 가르치면서, 도둑질과 음행이 보리菩提에 장애되지 않고, 술을 마시고 고기 먹음이 반야般若에 방해되지 않는다 하니, 그런 무리들은 살아서는 부처님의 계율을 어기고 죽어서는 아비지옥에 빠질 것이다."

　한쪽으로 치우친 선이 얼마나 큰 부작용을 낳는지 알 수 있는 대목이다. 계율을 어기면서 도둑질을 일삼는 행위가 결코 진리를 향한 길일 수는 없다. '어리석거나 혹은 미친' 폐해로부터 벗어나기 위해서는 마음에 대한 올바른 이해와 이에 기초한 정혜쌍수를 실천해야 한다.

　이처럼 마음에 대한 깊이 있는 성찰이 가능하다면 앞서 언급한 홍주종이나 우두종의 입장도 충분히 수용할 수 있다는 것이 지눌의 생각이었다. 한쪽에 집착하지 않고 융통성 있게 적용할 수 있기 때문이다. 수행은 절대적인 것이 아니라 위인문爲人門, 즉 사람들을 깨침으로 안내하는 방편이다. 기초가 튼튼하면 방편은 중생들을 위해 얼마든지 다양하게 활용될 수 있다.

　효봉은 스승의 가르침을 따라 선정과 지혜를 함께 닦는 길을 보여 주었다. 정혜를 함께 닦는 이유를 다시 요약하자면, 그것이 곧 치선과 광선에서 벗어나 붓다의 정법을 실현하는 일이기 때문이다. 그렇다면 구체적으로 어떻게 정혜쌍수를 실천할 수 있을까?

정혜쌍수의 실천

정혜쌍수, 보림保任의 기초

선禪의 생명은 '마음이 곧 부처(心卽佛)'임을 깨치는 데 있다. 이를 돈오頓悟, 견성見性, 해오解悟, 증오證悟 등 다양한 용어로 부르고 있지만, 핵심은 중생이라고 생각했던 나 자신이 알고 보니 부처와 조금도 다름이 없다는 사실을 밝게 깨치는 것이다. 탐내고 성내며 어리석은 나의 본질이 부처라는 엄청난 선언 앞에 중생들은 희망을 갖게 된다. 지금은 비록 형편없는 모습으로 살고 있지만, 언젠가는 부처의 삶을 살 수 있다는 희망 말이다. 하지만 아무리 중생의 본질이 부처라 하더라도 불성佛性이 현실에서 작동하지 않으면 아무 소용없는 일이다. 여전히 중생의 삶을 이어 갈 뿐이다.

마음을 깨친 선지식들은 현실에서 부처로 살아가기 위해 끊임없는 수행을 이어 간다. 이를 보림保任이라 한다. 보림은 보호임지

保護任持의 준말로 본래의 불성을 잘 보호하고 지킨다는 뜻이다. 그렇지 않으면 불성이 작동을 하지 않아 중생의 삶을 살기 때문이다.

이해를 돕기 위해 중생을 얼음, 부처를 물에 비유해 보자. 앞의 글에서 언급한 것처럼 얼음과 물은 H_2O라는 본질을 공유하고 있다. 따라서 얼음이 곧 물이라는 실상을 깨치는 것이 견성이라면 얼음을 실제로 녹이는 일은 보림이라고 할 수 있다. 군대 시절 혹한기 훈련에 참여했다가 식수가 없어서 고드름을 녹여 라면을 끓여 먹은 적이 있는데, 이와 비슷하다고 생각하면 될 것 같다. 실제로 얼음을 녹여야 커피나 녹차를 마실 수 있는 것처럼 보림을 잘 해야 현실에서도 부처로 살아갈 수 있다.

효봉 역시 진리를 깨친 선사로서 보림의 중요성을 누구보다 잘 인식하고 있었다. 그에 의하면 보림은 중생에서 성인의 삶으로 일대 전환을 이루는 길이다. 그런데 이 일이 결코 만만치 않다. 보림이 얼마나 어려운 실천인지 효봉의 말을 직접 들어 보기로 하자.

"쇳덩이를 다루어 금을 만들기는 오히려 쉽지만 범부가 성인凡人되기는 참으로 어렵다. 이 일이 천상천하에서 가장 어려운 일이다. 산승이 투신投身 조역組域하여 이미 삼십여 년이 지났다. 조주고불趙州古佛은 보림保任을 삼십 년 하고, 향엄 화상香嚴和尙은 타성일편打成

一片 사십 년에 이 일을 성취한 것이다."

효봉이 1959년 동화사 금당선원에 주석할 때 법문한 내용이다. 보림이 얼마나 어려우면 쇳덩이로 금을 만드는 일이 오히려 쉽다고 했겠는가. 그렇다면 이처럼 어려운 보림을 실천하기 위한 구체적 방안이 무엇일까? 그것은 바로 정혜쌍수定慧雙修, 즉 선정과 지혜를 함께 닦는 일이다. 수행이 선정과 지혜 어느 한쪽으로 치우치게 되면 앞의 글에서 언급한 것처럼 치선癡禪이나 광선狂禪 등의 부작용을 피할 수 없다. 효봉은 선정과 지혜가 조화를 이루지 못하면 붓다의 가르침을 전승하기 힘들다고 강한 어조로 지적한다.

"우리나라에 선풍禪風이 들어온 지 천여 년에 혜慧에만 편중하고 정定을 소홀히 하였다. 근래에 선지식이 종종 출현하였으나 안광낙지시眼光落地時에 앞길이 망망하니 그 까닭은 정혜가 갖추어지지 않았기 때문이다. 이러고서 어떻게 불조의 혜명을 이을 수 있을 것인가?"

안광낙지시眼光落地時란 글자 그대로 눈빛이 땅에 떨어질 때, 그러니까 죽음이 눈앞에 닥친 상황을 의미한다. 죽음은 평생 수행했던 밑천이 고스란히 드러나는 생생한 삶의 현장이다. 효봉이 지적하는 것처럼 죽음 앞에서 앞길이 망망한 이유는 선정과 지혜를 함께 닦지 않았기 때문이다. 수많은 선사들이 건혜乾慧, 즉 선정이 결여된 마른 지혜로는 생사를 면할 수 없다고 강조하는 이유도 여기에 있다.

이처럼 정혜쌍수는 보림의 과정에서 매우 중요한 실천이다. 그런데 여기에서 확인할 것이 하나 있다. 비록 정혜라고 말은 하지만, 실제로는 계행戒行까지 포함한 삼학三學을 의미한다는 점이다. 그러니까 정혜쌍수는 계정혜戒定慧 삼학쌍수三學雙修가 되는 것이다.

"이 세상에 종교가 많지만 계정혜戒定慧 삼학三學을 닦아서 생사해탈을 하는 종교는 불교밖에 없다. 계행을 청정히 지켜야 정력을 기르고 정중의 지혜가 밝아져야 생사해탈이 되기 때문에 고불고조古佛古祖가 말씀하시길 마지막에 죽을 때 가서 정혜쌍수가 되지 않으면 생사해탈이 되지 않는다고 말씀하셨다."

불교의 삼학은 선禪뿐만 아니라 불교 전체를 관통하고 있는 중요한 수행체계다. '계의 그릇이 깨끗해야 선정의 물이 고이고, 선정의 물이 고여야 지혜의 달이 비친다.'는 말이 있다. 선정과 지혜의 수행이 아무리 중요하다고 해도 계율을 지키지 않으면 아무런 소용이 없다는 뜻이다. 이는 마치 더러운 그릇에 깨끗한 물을 담는 것처럼 어리석은 일이다. 계율은 선정, 지혜와 함께 보림의 기초가 되는 실천이다.

방편으로서 삼학

「생애」편에서 살펴본 것처럼, 효봉은 삼학의 조화가 얼마나 중요한지를 설명하기 위해 이를 집 짓는 일에 비유한 적이 있다. 말하자면 '계율은 집터와 같고, 선정은 재목과 같으며, 지혜는 집 짓는 기술과 같다.'는 것이다. 아무리 집 짓는 기술이 뛰어나더라도 재목이 없으면 집을 지을 수 없다. 또한 좋은 재목을 갖추고 있더라도 집 지을 터가 없다면 아무 소용없는 일이다. 집터와 재목, 기술을 모두 갖추어야 온전한 집을 지을 수 있는 것처럼, 삼학을 함께 닦아야 마침내 정각을 이룰 수 있다는 것이 효봉의 생각이었다.

이처럼 삼학이 중요하다고 해도 그것 자체가 목적이 되어서는 안 된다. 다시 말하면 삼학은 탐진치食瞋癡 삼독三毒을 없애기 위한 방편이라는 것이다. 만약 삼독이 없다면 삼학 또한 필요 없기 때문이다. 이는 마치 병이 없으면 약을 복용할 필요가 없는 것과 같다. 효봉의 말을 직접 들어보자.

"계율戒律과 선정禪定과 지혜智慧의 삼학三學으로써 부처가 되고 조사가 되는 긴요한 문(要門)을 삼는다. 그러나 그 삼학의 문은 탐욕과 분노와 우치愚癡의 삼독三毒을 없애기 위해 방편으로 세운 것이다. 본래 삼독의 마음이 없거늘 어찌 삼학의 문이 있겠는가."

이처럼 삼학은 삼독을 없애기 위한 방편으로서 의미를 가진다. 구체적으로 계율은 탐욕을, 선정은 분노를, 지혜는 어리석음을 다스리는 수행이다. 효봉이 지적하는 것처럼 궁극적으로는 삼독이 본래 공空하기 때문에 삼학의 문 또한 없다는 실상을 깨치는 것이 중요하다. 하지만 현실적으로 과거로부터 지은 삼독의 업業이 남아 있기 때문에 삼학을 마음 닦는 방편으로 활용하는 것이다.

효봉은 독특하게 삼독을 네 가지로 구분하고 있는데, 범부와 이승二乘, 보살, 부처의 삼독이 그것이다. 수행의 경지에 따라 삼독의 내용을 구별하고 있는 것이다. 먼저 범부에 해당되는 삼독은 다음과 같다.

"삼독이란, 오욕五欲을 비롯하여 일체의 구함을 탐욕이라 하고 매를 맞거나 모욕을 당하거나 기타의 모든 역경逆境에 대해 마음을 내고 생각을 일으키는 것을 분노라 하며, 바른 길을 등지고 삿된 길에 돌아가 바른 법을 믿지 않음을 우치라고 한다."

우리들 중생에게서 흔히 볼 수 있는 모습이다. 그렇다면 중생보다 경지가 높은 이승二乘, 즉 성문聲聞이나 연각緣覺의 삼독은 어떨까? 성문은 붓다의 가르침을 직접 듣는 사람이며, 연각은 홀로 공부해서 연기의 진리를 깨치는 사람이다. 이들은 중생들과 달리 "즐겨 열반을 구하는 것을 탐욕이라 하고, 생사生死를 싫어하는 것을 분노라 하며, 생사나 열반이 모두 본래 공空인 것을 알지 못함을 우치라 한다." 욕심과 성냄, 어리석음의 내용이 중생들과는 사뭇 다르다.

셋째로 보살의 삼독은 "불법佛法을 두루 구하는 것을 탐욕이라 하고, 이승二乘을 천하게 여기는 것을 분노라 하며, 부처 성품(佛性)을 분명히 모르는 것을 우치라 한다."는 내용으로 되어 있다. 분명 이승보다 한 단계 높은 수준을 보여 주고 있다. 그렇다면 마지막으로 부처의 삼독은 어떤 것일까?

"부처의 삼독이란, 중생을 모두 구제하려는 것을 탐욕이라 하고, 천마天魔와 외도外道를 방어하려는 것을 분노라 하며, 사십오 년 동안 횡설수설한 것을 우치라 한다."

이처럼 부처의 삼독은 앞의 세 가지와 수준을 달리한다. 효봉은 여기에서 그치지 않고 선사의 시선으로 삼독을 새롭게 해석한다. '삼독이 바로 도三毒是道'라는 것이다.

"탐욕貪慾이 원래 바로 그 도道이며 분노와 우치도 또한 그러하네. 이와 같이 삼독三毒 가운데에는 모든 불법佛法이 갖추어져 있네."

중생들은 고통의 원인인 탐욕과 성냄, 어리석음을 다스리기 위해 삼학을 공부하는데, 효봉은 삼독三毒이 바로 도道이며 그 속에 모든 불법이 갖추어져 있다고 말한다. 이것은 마치 번뇌즉보리煩惱即菩提, 그러니까 번뇌는 끊어야 할 대상이 아니라 진리라고 말하는 것과 같다. 선사로서의 면목이 느껴지는 대목이다.

효봉은 '삼독이 도'라고 말하고 나서 대중들에게 질문을 던진다. 이것이 대중의 경계인지, 아니면 문수文殊와 보현普賢의 경계인지 말해 보라고 말이다. 그리고 다시 선사 특유의 방식으로 함정을 파 놓는다. 대중의 경계라고 말해도 30방, 문수와 보현의 경계라 해도 30방의 몽둥이가 기다리고 있다는 것이다. 법어집에는 대중들이 아무 말이 없었다고 나오는데, 아마 대답을 안 해도 30방을 맞았을 것이다. 우리는 과연 이 몽둥이를 피할 수 있을까?

효봉의 방망이를 피하기 위한 방법은 오직 하나뿐이다. 바로 효봉의 질문에 집착하지 않는 것이다. 효봉이 던진 질문 또한 우리를 진리의 세계로 이끄는 방편이기 때문에 그의 질문, 아니 함정에 집착하는 한 그 어떤 대답도 몽둥이를 피할 수 없다. 마치 손가락에 집착하면 달을 볼 수 없는 이치와 같다. 따라서 효봉의 질문에서 눈을 떼고 직접 그 마음을 보아야 한다. 그러면 몽둥이 대신 수많은 대답이 기다리고 있지 않을까. 누군가 이렇게 답하는 장면도 상상해 볼 수 있을 것 같다.

"스님, 이제 그만 하시고 법상에서 내려오시죠."

대중의 경계라고 말하지 않았고 문수와 보현의 경계라고 말하지도 않았다. 또한 침묵하지도 않았다.

화두 바라보기

화두(話)를 본다(看)는 것

누군가를 사랑하면 모든 것을 긍정적으로 바라보는 경향이 있다. 예컨대 불쑥 튀어나온 배도 인격의 상징이라거나, 성품이 넉넉한 증거라고 해석한다. 사소한 말실수 정도는 그냥 넘어가기 일쑤다. 개떡같이 말해도 찰떡같이 알아듣는다는 것은 이럴 때 쓰는 말이다.

그러나 사랑이 미움으로 바뀌는 순간 모든 것이 달리 보이기 시작한다. 넉넉한 성품의 상징이었던 통통한 배는 자기 관리 하나 제대로 못한 게으름의 표상으로 전락하고 만다. 특히 사소한 말실수는 지나칠 수 없는 명백한 잘못이 된다. 말꼬리 잡는 일이 현실로 다가오는 것이다. 그래서 말꼬리를 잡는지 여부를 살펴보면 상대가 나를 좋아하는지, 싫어하는지 어렵지 않게 알 수 있다.

이런 이야기를 하는 이유는 이번 주제가 말꼬리가 아니라 화두話頭, 즉 말머리에 관한 것이기 때문이다. 흔히 한국불교의 정체성을 이야기할 때 가장 먼저 등장하는 것이 간화선看話禪이다. 이는 글자 그대로 화두(話)를 보는(看) 수행을 가리킨다. 간화는 상대가 말한 핵심을 정확히 알아차리고 언하言下에 곧바로 깨치는 일이다. 그러니까 언어 자체에 집착하여 그 말이 사용되는 맥락과 의미를 간과한 채 말꼬리를 잡는 일과는 차원이 달라도 한참 다른 것이다. 간화선은 말꼬리가 아니라 말머리를 잡고 마음의 참 모습을 깨치는 지름길이다. 그 빠른 지름길을 선禪에서는 경절문徑截門이라 부른다.

간화선은 송나라 때 대혜종고(大慧宗杲, 1089~1163)가 개발한 수행법이다. 화두는 공안(公案, formal document)이라고도 하는데, 이것은 본래 정부의 공식 문서를 가리키는 말이었다. 화두가 정부의 문서처럼 마음을 깨치는 공식적인 수행체계라는 뜻이다. 그만큼 틀림없다는 자신감의 표현인 셈이다.

이러한 간화선을 국내에 처음으로 소개한 인물이 다름 아닌 효봉이 마음의 스승으로 삼은 지눌이다. 그리고 지눌의 제자인 진각혜심(眞覺慧諶, 1178~1234)은 이를 더욱 체계화하여 한국불교를 대표하는 수행 전통으로 확립하였다. 대혜의 『서장書狀』은 지금도

강원이나 승가대학의 주요 교과목에 포함되어 있다. 간화선이 한국불교에서 차지하는 영향을 알 수 있는 대목이다.

효봉에게 있어서 간화선은 특별한 의미를 지니는 수행법이다. 화두를 치열하게 참구한 끝에 이를 타파하고 깨침에 이르렀기 때문이다. 「생애」 부분에서 살펴본 것처럼 그는 금강산 법기암法起庵 뒤쪽에 작은 토굴을 만들어 놓고 1년 6개월 동안 밖으로 나오지 않았다. 그 안에서 한 일이 무엇이겠는가. 바로 자신과의 치열한 싸움이었다. 효봉은 그 싸움에서 이기고 무문관을 박차고 나온 것이다. 그 싸움을 승리로 이끈 강력한 무기가 바로 화두선이었다.

효봉은 평소 제자들에게 "공안公案을 참구하는 이외의 일은 모두 마업魔業"이라고 강조하였다. 그렇기 때문에 수행자는 아침저녁으로 조금이라도 게으른 마음이 일어나지 않는지, 굶주림과 추위에 화두가 흔들리지 않는지 항상 스스로를 살펴보아야 한다.

화두를 참구하는 공안이 오늘날까지 1,700개가 전해지고 있는데, 효봉은 특히 무자無字 화두를 중시하였다. 이 화두는 알려진 것처럼 당나라 때 선사인 조주종심(趙州從諗, 778~897)에게서 유래한다. 누군가 조주에게 "개에게도 불성이 있습니까?"라고 묻자 그가 "없다(無)."라고 대답했다는 것이다. 눈뜬 선지식으로부터 이 화두를 받은 수행자는 왜 조주가 무無라고 했는지 문제의식, 즉 의문을 가지고 '무, 무, 무.' 하면서 끊임없이 참구해야 한다.

선에서는 어미닭이 알을 품고, 굶주린 고양이가 쥐를 쳐다보듯 간절한 마음으로 참구하라고 강조한다. 그렇게 정진하다 보면 어느 순간 화두를 타파하고 견성見性에 이르게 된다는 것이다. 이런 점에서 볼 때 문제의식과 간절함은 간화선을 지탱하는 생명과도 같다고 할 수 있다.

화두를 본다는 것은 이것저것 복잡한 과정을 거치지 않고 직접 마음과 만나는 일이다. 선불교의 표어인 '곧바로 사람의 마음을 가리켜(直指人心) 성품을 보고 성불한다(見性成佛).'는 것은 바로 이를 의미한다. 교학에서는 성불에 이르기까지 여러 과정을 거쳐야 한다고 설명한다. 예컨대 유식唯識에서는 자량위資糧位와 가행위加行位, 통달위通達位, 수습위修習位, 구경위究竟位 등의 다섯 단계를 거쳐야 한다.

화엄에서도 십신十信, 십주十住, 십행十行, 십회향十廻向, 십지十地 등 50단계와 등각等覺과 묘각妙覺을 합쳐 52과정을 거쳐야 깨달음에 이를 수 있다고 말한다. 간화선은 이런 복잡한 사다리를 단번에 잘라 버리고 화두 하나로 압축해서 설명하고 있다. 한마디로 말머리를 보는 일은 직지인심의 가장 직접적인 길인 셈이다.

왜 무자 화두인가?

오늘날 간화선의 위기라는 말이 심심찮게 나오고 있다. 위빠사나(Vipassana)를 비롯해서 아나파나사티(Anapanasati), 아바타(Avatar) 등의 수행법들이 소개되면서 간화선의 설 자리가 점점 줄어들고 있다는 지적이다. 실제로 간화선 이외의 수행을 하는 이들이 점점 늘고 있는 상황이다. 그렇다고 간화선을 소홀히 대해서는 안 된다. 간화선은 지눌이 소개한 이후 800여 년을 이어 온 한국불교의 전통적인 수행법이기 때문이다.

조선시대 휴정을 비롯하여 효봉과 성철 등 현대의 고승에 이르기까지 수많은 선사들이 이 수행을 통해 깨달음을 얻고 한국불교를 이끌어 왔다. 매년 두 번씩 시행되는 안거 기간 동안 수좌들이 정진하는 주요 수행법도 화두선이다. 마음의 성품을 보기 위해 오늘도 말머리와 씨름하고 있다는 뜻이다.

그렇다면 효봉이 그 많은 공안 중에서 무자 화두를 특별히 강조한 이유는 어디에 있을까? 「생애」 편에서 살펴본 것처럼, 그에게는 '엿장수 중'이나 '판사 중'을 비롯하여 많은 별명이 있다. 말년에는 '무라 노장'과 '몰라 노장'이라는 새로운 별명도 생겼다. '무라 노장'은 평소 입으로 '무라, 무라.' 하는 모습을 보고 사람들이 붙인 것이며, '몰라 노장'은 제자들이 질문을 하면 무조건 '몰라, 몰라.' 하면서 제자인 구산에게 가서 물어보라고 했다는 데서 비롯된 것이다. 언젠가 한 제자가 '무라, 무라.'가 무슨 의미냐고 물어본 적이 있다. 효봉의 입에서는 평소처럼 '몰라.'라는 답변이 돌아왔다.

그런데 효봉은 제자에게 서산대사의 제자로 알려진 편양언기 (鞭羊彦機, 1581~1644)의 이야기를 들려준다. 언기는 누군가 질문을 하면 내용과 상관없이 무조건 "이 뭣고, 이 뭣고?" 이렇게 대답했다고 해서 '이 뭣고 노장'이라는 별명이 붙은 인물이다. 그런데 언기가 말한 '이 뭣고?'의 뜻을 분명히 알면 자신이 '무라, 무라.' 말한 의미를 알 수 있다는 것이었다. 한마디로 '이 뭣고?'의 의미만 알면 무자 화두뿐만 아니라 불교의 핵심에 다가설 수 있다는 뜻이다. 효봉은 제자에게 '알겠느냐?'고 힘주어 묻는다. 우리는 과연 효봉의 속내를 알 수 있을까?

'이 뭣고?', 즉 '이것이 무엇인가?'라는 화두는 내가 그동안 안다고 생각한 것이 사실은 편견이나 선입견, 혹은 어리석음이라는 것을 고백할 때만 나올 수 있는 질문이다. 내가 이미 분명히 알고 있다고 집착하면 질문이 아니라 더 이상 알 필요 없다는 오만의 감정이 일어난다. 그래서 내가 모른다는 것을 인정하는 일이 무엇보다 중요하다.

소크라테스는 자신이 모른다는 것을 알았다고 했으며, 공자는 아는 것을 안다고 하고 모르는 것을 모른다고 하는 것이 진정한 앎이라고 하였다. 지눌의 언어로 표현하면 '단지 모르는 줄 아는 (但知不會)' 것이다. 한 걸음 더 나아가 지눌은 모르는 줄 아는 것이 곧 견성(是卽見性)이라고까지 강조하였다. 그렇다면 효봉은 이 문제에 대해 어떻게 말하고 있을까?

"이 산승은 모름(不識)이란 두 글자(二字)로 인해 위에서 말한 시주의 네 가지 은혜(四事施恩)를 다 갚은 것이다. 왜냐하면 모름이란 이 두 글자에는 두 가지 글귀가 있으니 첫째는 천하(天下) 사람들의 혀끝을 끊은 글귀요, 둘째는 인천(人天)의 눈을 활짝 열게 한 글귀이기 때문이다. 그러므로 여기 모인 대중들이 만일 이 두 글자의 뜻을 바로 드러낸다면 그는 나와 함께 밑 없는 배(無底船)를 타고 물결 없는 바다(不波海)를 건널 수 있겠지만, 그렇지 못하면 우선 삼십 년(三十年) 뒤를 기다려야 할 것이다."

효봉이 해인사 가야총림에 주석했을 때의 법문 내용이다. 여기에서 시주의 네 가지 은혜란 시주로부터 받은 옷과 음식, 집, 약

등을 의미한다. 그는 출가 후 25년 동안 부처와 조사도 모르고 선禪과 교敎도 몰랐지만, 모름(不識)이라는 두 글자를 마음에 새김으로써 시주의 모든 은혜를 갚았다는 것이다.

금강산에서 무문관을 타파하고 깨침에 이른 견성도인이 이런 말을 하면, 보통은 겸양의 표현이라고 이해한다. 하지만 이것은 단순한 겸손의 말이 아니라 효봉의 진심으로 보인다. 그의 지적처럼 모른다는 것은 사람들의 혀끝을 끊고 인천人天의 눈을 활짝 열어 주는 사유의 대전환이기 때문이다. 어리석은 생각을 하면서 마치 모든 것을 알고 있는 것처럼 말하는 혀끝과 자신의 참 모습을 모르면서 마음을 깨쳤다고 함부로 내뱉는 혀끝을 끊는 글귀가 바로 모른다는 말이었던 것이다.

이처럼 내가 모른다는 것을 자각할 때 나오는 진짜 질문이 '이 뭣고?'다. '이것이 무엇인가?'라는 화두는 '나란 어떤 존재인가?'라고 스스로에게 던지는 실존적 질문이다. 이제까지 육신이라는 껍데기와 망념 덩어리를 나라고 착각하면서 살았던 자신을 돌이켜 보았을(返照) 때 진짜 공부가 시작되는 것이다. 따라서 모른다는 것은 사대四大와 망념을 텅 비우고(空) 지금까지의 잘못된 앎을 없애는(無) 혁명적 사유라 할 것이다.

이제야 조금 알 것 같다. 효봉이 왜 '이 뭣고?'를 알면 자신이

'무라, 무라.' 했던 의미를 알 수 있다고 했는지 말이다. '무라'와 '몰라'는 나 자신의 참 모습을 비추는 지혜의 빛이었던 것이다. 그 빛이 무자 화두를 통해 일천 강을 환하게 비추고 있었다.

보림과 보살행

타인의 고통이 보이는 이유

언젠가 불교대학을 졸업한 학인이 이런 말을 한 적이 있다. 이런저런 이유로 힘들어 죽겠는데, 왜 다른 사람의 고통이 보이는지 모르겠다는 것이었다. 자신의 문제도 해결하지 못하면서 다른 이를 걱정하는 모습이 조금은 한심해 보인다는 하소연이었다. 그래서 타인의 고통이 보인다는 것은 공부가 익어 가는 방증이 아니겠느냐고 답을 하였다.

처음 공부를 시작할 때는 자신의 고통밖에 보이지 않지만, 수행이 깊어질수록 보살심이 작동하여 타인의 고통까지 보인다는 취지였다. 그러니 한심해 하지 말고 스스로를 격려해 주는 것이 낫지 않겠느냐는 말도 함께 덧붙였다. 보살의 마음은 수행이 익어 갈수록 나타나는 성스러운 작용이다.

효봉 역시 출가하고 수행할 때는 오직 자신의 고통만 보였다. 그가 화려해 보이는 판사 생활을 그만두고 엿장수 생활을 시작한 것도 독립군에게 사형선고를 내린 고통을 잊기 위해서였다. 하지만 소가 가지 않는다고 수레바퀴에 채찍질을 해 봐야 무슨 소용이 있겠는가. 아무리 급해도 채찍은 바퀴가 아니라 소를 향해야 한다. 효봉은 엿장수 생활을 통해 몸을 괴롭힌다고 해서 마음의 고통이 사라지는 것은 아니라는 사실을 깨닫게 된다.

이후 그는 금강산에서 출가하여 치열한 정진 끝에 자신의 번뇌가 본래 공(空)하다는 실상을 깨치고 괴로움에서 벗어날 수 있었다. 그를 오랫동안 괴롭힌 번뇌는 마치 눈병이 났을 때 보이는 허공꽃(幻華)과 같아서 어떤 실체가 있는 것이 아니다. 그것은 눈병 때문에 보이는 착시현상이기 때문에 병을 치료하면 이내 사라지고 만다. 효봉 역시 이러한 실상에 눈을 뜨고 고통에서 벗어난 것이다.

자신의 고통이 사라지자 효봉은 다른 이들이 병으로 힘들어하는 모습이 보이기 시작했다. 아마 금강산을 떠나 송광사로 몸을 옮긴 즈음이 아닐까 싶다. 「생애」 부분에서 살펴본 것처럼 송광사에 주석할 때 그는 고봉 화상으로부터 몽중설법을 듣고 효봉이라는 법호를 받게 된다. 꿈속에서 들은 법문 내용을 다시 한 번 인용해 본다.

"번뇌가 다할 때 생사가 끊어지고 미세하게 흐르던 번뇌 영원히 사라지네. 원각의 큰 지혜 언제나 홀로 드러나니 곧 백억 화신불이 나타나네[煩惱盡時生死絶 微細流注永斷滅 圓覺大智常獨存 卽現百億化身佛]."

　번뇌가 사라지고 원각의 큰 지혜가 밝게 드러났으니 이제 화신불化身佛, 즉 붓다의 아바타가 되어 고통 속에 빠진 중생들을 제도하라는 가르침이다. 지금까지의 삶이 깨침을 향한 과정이었다면, 이제부터는 깨침을 실천하는 삶이어야 한다는 뜻이다. 그것이 무엇이겠는가. 바로 보살행을 실천하는 일이다. 효봉이 송광사에서 목우가풍牧牛家風을 새롭게 일으키고 후학들을 위해 진력한 이유도 여기에서 찾을 수 있다. 마음을 깨치고 수행이 익으면서 자신의 고통이 아니라 타인의 고통이 보였던 것이다.
　그러자 출가의 목적도 새롭게 보이기 시작하였다. 이전에는 출가를 번뇌의 속박에서 벗어나 해탈을 이루기 위한 길이라고 생각했다. 하지만 공부가 익으면서 자신뿐만 아니라 모든 이들이 함께 열반에 드는 것이 진정한 출가라는 사실을 깨닫게 된 것이다. 한마디로 출가의 궁극적 목적이 중생 구제에 있다는 뜻이다. 효봉의 말을 직접 들어보기로 하자.

"자기 한 몸만을 위해 머리를 깎고 물들인 옷을 입으며 계율을 지키고 아란야阿蘭若에 살면서 해탈을 얻으려 한다면 그것은 참 출가出家라 할 수 없다. 크게 정진하는 마음을 내어 일체 중생의 번뇌를 끊고, 계율을 깨뜨리는 이로 하여금 청정한 계율에 머물게 하고, 생사에 윤회하는 중생들을 잘 교화하여 해탈을 얻게 하며, 광대한 네 가지 한량없는 마음(四無量心 : 慈·悲·喜·捨)으로 일체 중생을 두루 이롭게 하고, 일체 중생들을 모두 큰 열반에 들게 하여야 비로소 참 출가라 할 수 있다. 자기 한 몸만의 해탈을 구하는 것이 아니라 자리自利·이타利他의 행이 원만하여야 마침내 유한遺恨이 없을 것이다."

이러한 입장은 그가 마음속 스승으로 모신 지눌의 견해와 일치한다. 지눌에게 있어 보살행은 돈오 이후 닦음의 과정에서 매우 중요한 의미를 지닌다. 지눌은 『절요』에서 "깨친 뒤에 닦는 점수의 문은 다만 더러움에 물들지 않는 것만이 아니라 또한 만 가지 행(萬行)을 익히고 닦아 나와 남을 함께 제도하는 것이다."라고 하였다.

지눌이 강조한 점수漸修는 마음이 곧 부처이며, 망념이 공空하다는 것을 깨친 후의 닦음이기 때문에 오염되지 않은 청정한 수행이다. 하지만 여기에 머물지 않고 보살행을 실천하며 계율을 지키는 등의 만행을 함께 닦아야 한다. 이런 과정을 거칠 때 비로소 나 자신뿐만 아니라 모든 중생을 함께 구제할 수 있다는 것이 지눌의 생각이었다. 보살행은 결국 나와 다른 이들이 함께 구원에 이르는(自他兼濟) 길이었던 셈이다. 효봉은 이러한 스승의 가르침을 실천하고 있었던 것이다.

시장을 떠나지 말라

진리를 깨친 이들에게 보이는 공통점이 있다. 그것은 타인의 고통을 그냥 지나치지 않고 자비를 실천했다는 사실이다. 그렇다면 다른 이의 고통이 보이는 이유는 어디에 있을까? 바로 나와 다른 사람이 별도로 존재하는 것이 아니라 본래부터 '하나'임을 자각했기 때문이다. 붓다가 설한 연기緣起의 진리는 이것을 의미한다.

자비는 이러한 연기적 사유에서 나오는 실천이다. 상대가 나와 아무런 상관이 없다고 생각하는 한 사랑이라는 감정은 나올 수 없다. 자비행은 너와 내가 서로 떼려야 뗄 수 없는 관계라는 인식이 있을 때만 가능한 실천이다. 그렇기 때문에 깨친 이후 보림保任의 과정에서 보살행을 강조하는 것은 지극히 당연한 일이다.

그런데 보살행을 실천하는 공간은 고요한 산속이 아니라 온갖 부조리와 번뇌가 상존하는 현실이다. 마음을 깨친 이들은 중생들이 살아가는 현장으로 직접 나와 그들의 목소리를 들으면서 고통을 함께 나누었다. 붓다는 물론 원효나 지눌 모두 그런 삶을 살았다. 효봉 또한 예외는 아니었다. 그가 해인사 가야총림에 주석할 때 이런 법문을 한 적이 있다.

"만일 그 길(一路)을 밟고자 하거든 이익이 있거나 없거나 시장市場을 떠나지 말라."

붓다가 걸은 그 길은 다름 아닌 깨침과 자비를 실천하는 삶이었다. 머리를 깎고 출가한 사문들 역시 붓다의 가르침을 따라 그 길을 가는 사람들이다. 효봉은 이들에게 결코 '시장을 떠나지 말라.'고 강조한다. 시장이 어디던가. 비록 탐욕과 성냄, 어리석음으로 오염된 곳이지만, 중생들이 의지하고 있는 삶의 터전이다.

그곳을 떠나 고요 속에만 머물러서는 안 된다는 것이다. 앞서 효봉이 언급한 출가의 목적과 부합되는 가르침이다. 흔히 말하는 것처럼, 불교의 상징인 연꽃은 허공에서는 결코 피지 않는다. 더러운 진흙에서만 그 아름다운 자태와 향기를 드러낼 수 있는 것이다.

이 부분을 읽으면서 문득 심우도尋牛圖의 마지막 열 번째 단계인 입전수수入廛垂手가 생각났다. 알려진 것처럼, 심우도는 소(牛)로 상징되는 잃어버린 마음을 찾아 떠나는 여정을 그리고 있다. 그런데 마지막 최고의 경지가 시장 속에 들어가 손(手)을 내미는(垂) 것이다. 쉽게 말하면, 시장 사람들의 애환을 들어주면서 막걸리 한 잔 나누는 일이 선禪의 최고 단계라는 뜻이다.

이는 불교의 궁극적 목적이 중생 구제에 있다는 것을 여실히 보여 주고 있다. 사홍서원四弘誓願에서 모든 중생을 건지겠다는 서원이 가장 앞에 나오는 이유도 여기에 있다. 이러한 목적을 이루기 위해 번뇌를 끊고 법문을 공부하며 성불하는 것이다. 중생을 구제하기 위한 보살행이 불교의 존재 이유라는 점은 아무리 강조해도 지나치지 않는다.

이처럼 붓다의 가르침을 실천하기 위해서는 시장을 떠나서는 안 된다. 그래서인지 효봉은 『열반경』의 사구게四句偈로 알려진

"모든 일이 덧없어 다 생멸生滅하는 법이니 생멸이 없어지면 적멸寂滅이 즐거움이다(諸行無常 是生滅法 生滅滅已 寂滅爲樂)."라는 구절을 색다르게 해석한다. 보통은 나고 죽는 생멸의 세계, 시끄러운 시장을 떠나 적멸의 즐거움을 추구하는데 효봉은 그렇지 않다고 한다. 생멸이 곧 적멸이므로 둘 중에 하나를 떠나거나 구하려는 마음을 내서는 안 된다는 것이다.

"아, 어떤 이는 생멸生滅을 떠나 적멸寂滅을 구하기도 하고, 어떤 이는 적멸을 취하고 생멸을 버리기도 하는데, 이런 소견所見으로는 적멸이 바로 생멸이며 생멸이 바로 적멸임을 알지 못한다. 바꾸어 말하면, 생멸 밖에 따로 적멸이 없고 적멸 밖에 따로 생멸이 없다. 적멸은 생멸의 본체本體요 생멸은 적멸의 작용作用이니 본체는 작용으로 말미암아 이루어지고, 작용은 본체로 말미암아 생기는 것이다. 그러므로 이런 것임을 알면 떠나고 구하거나 취하고 버리는 마음이 아주 없어질 것이므로, 부처님이 말씀하신 열반의 참 즐거움(涅槃眞樂)을 어디서나 수용受用할 것이니 어찌 유쾌하지 않겠는가."

생멸하는 시장을 떠나 적멸의 진리를 구하지 않으려는 효봉의 마음을 읽을 수 있는 대목이다. 시장이 곧 진리의 현장이었던 것

이다. 이는 곧 '번뇌를 끊고 진리를 증득하는(斷惑證理)' 부파불교의
입장을 비판하고 '번뇌가 곧 보리(煩惱卽菩提)'임을 천명한 대승의 입
장과 서로 통한다.

　한때 유행했던 "꽃길만 걸으세요."라는 인사말이 있는데, 이보
다는 지금 걷고 있는 가시밭길을 꽃길이라고 생각하는 것이 어떨
까. 그러면 지금 겪고 있는 어려움을 피하거나 외면하지 않고 당
당하게 맞설 수 있을 것이기 때문이다. 꽃길과 가시밭길이 모두
시장 한가운데 있다. 시장을 떠나서는 안 되는 이유다.

바른 정진

이랴, 이랴

불교에 입문하여 계戒를 받고 몇 개의 법명法名을 갖게 되었다. 법명에 담긴 의미는 모두 좋은데, 그리 마음에 와 닿는 이름은 없었다. 그래서 평소 존경하는 스승님께 이름 하나 지어 달라고 부탁을 드렸더니 '일야학인一也學人'이란 법명을 주셨다. 일야는 '하나'라는 의미도 있지만, 소리 나는 대로 발음하면 '이랴, 이랴.'가 된다. 소가 가지 않을 때 채찍질을 하면서 내는 소리다. 불교에서 소는 마음을 의미하므로 여기에는 '소를 친다.'는 정진精進의 뜻이 담겨 있다. 무척 마음에 들었다. 이러한 정진의 마음을 잃지 않기 위해 신문이나 잡지에 글을 쓰거나 책을 출간할 때 필명으로 사용하고 있다. 이름이란 자꾸 불러 주어야 현실에서도 그렇게 되는 법이다.

효봉은 그 누구보다 수행정진을 강조한 인물이다. 「생애」부분에서 살펴본 것처럼, 그는 늦은 나이에 출가했기 때문에 다른 사람보다 훨씬 치열한 정진을 이어 갔다. 그는 남들이 자는 시간에도 눕지 않고 좌선을 했으며, 한번 앉으면 일어날 줄 모른다 해서 '절구통 수좌首座'라는 별명까지 얻었다. 마음을 깨치기 위해 무문관에 들어간 일화는 지금까지 많이 회자되고 있을 정도다. 수행을 중시하는 태도는 깨침 이후에도 이어졌으며 입적에 드는 순간에도 효봉은 '무라, 무라.' 하는 화두를 놓지 않았다. 그래서인지 평소에도 그는 제자들에게 엄격한 수행정진을 강조하곤 하였다.

"수면睡眠을 줄이고 공부 시간을 늘리라. 노력하는 것만큼 소득이 있다. 어려운 행을 능히 행하고, 참기 어려운 것을 능히 참아 내는 것이 납자衲子의 본분本分이다. 참고 또 참으면 조용히 성취成就가 돌아오는 법이다."

팔공산 동화사 금당선원에서 법문한 내용이다. 그가 깨침 이후에도 정진을 강조한 이유가 있다. 깨친 대로 살아지면 별다른 수행이 필요 없겠지만, 인간의 실존은 그렇지 않기 때문이다. 깨침과 실제적인 삶 사이에는 적지 않은 간극이 있다는 뜻이다. 돈오頓悟

이후에 보림이 필요한 이유이기도 하다. 아무리 깨달음을 얻었다 해도 중생으로 살아온 습기는 하루아침에 없어지지 않는다. 이런 점에서 보림은 깨침과 삶의 간극을 줄이는 수행이라 할 수 있다. 효봉의 수행체계인 정혜쌍수나 간화선, 보살행의 실천 등은 모두 깨친 대로 살기 위한 과정으로서 의미를 가진다.

그런데 정진이 아무리 중요해도 무조건적으로 실천해서는 안 된다. 목표와 방향 설정이 분명해야 하며, 중도中道에 입각한 바른 정진이 되어야 한다는 뜻이다. 수레가 가지 않는다고 바퀴에 채찍질을 해서야 되겠는가. 아무리 급하더라도 '이랴, 이랴.'는 바퀴가 아니라 소를 향해야 한다. 이뿐만 아니라 소의 상태도 잘 살피면서 채찍질을 해야 한다. 그렇지 않으면 마음이라는 소에 상처만 입힐 뿐 공부에는 진척이 없을 테니 말이다. 효봉이 제자들에게 치선癡禪이나 광선狂禪에 빠지지 않도록 선정과 지혜를 함께 닦는 중도의 실천을 강조한 이유도 여기에 있다.

바른 정진을 이야기할 때마다 등장하는 붓다와 소나의 예화는 아무리 반복해도 지나치지 않는다. 소나는 그 누구보다 치열하게 정진했던 제자였다. 그럼에도 불구하고 공부에 진척을 보이지 않자 그는 포기하려고 했다. 이때 붓다는 제자가 출가하기 전에 거문고를 잘 탔다는 사실을 알고 이를 예로 들어 자상하게 설명을

해 준다. 거문고 줄은 느슨해도 소리가 나지 않으며 반대로 팽팽
해도 역시 소리가 나지 않는다. 너무 팽팽하면 자칫 줄이 끊어져
연주를 할 수 없게 된다. 거문고 줄은 느슨하거나 팽팽하지 않은
적절한 상태를 유지해야 아름다운 소리를 낼 수 있다. 소나 역시
마음을 너무 팽팽하게 잡아당겼기 때문에 공부가 되지 않았던 것
이다. 붓다는 정진도 중도中道에 맞게 적절해야 한다는 가르침을
주고 있는 것이다.

붓다 역시 출가 후 당시의 유행에 따라 혹독한 고행을 하였다.
그는 6년 동안 치열하게 고행했지만, 남은 것은 뼈와 살이 맞붙을
정도로 앙상해진 육신과 미혹한 마음뿐이었다. 붓다는 그동안의
시행착오를 인정하고 마침내 고행을 버리게 된다. 그리고 중도에
입각한 수행을 실천함으로써 존재의 실상을 깨치게 된다. 중도가
깨침을 향한 여정에서 얼마나 중요한지 알았기 때문에 붓다는 제
자들이 공부에 어려움을 느낄 때마다 자신의 경험을 활용하여 적
절한 가르침을 줄 수 있었다.

효봉 역시 중도에 바탕을 둔 정진을 강조하였다. 그는 언젠가
"이제 용맹정진이 시작될 터인데, 내 나이 팔십이 가까워 따라갈
것 같지 않지만 준비는 하고 있다."고 말한 적이 있다. 그는 중도
에 맞게 준비를 잘 했기 때문에 많은 나이에도 불구하고 젊은 수

좌들과 정진을 이어 갈 수 있었다.

쉬는 것도 수행이다

소나의 예에서 알 수 있는 것처럼 중도, 즉 바른 정진의 핵심은 '적절함'에 있다. 거문고 줄이 너무 팽팽하면 소리가 잘 나지 않는 이유도 적절하게 조율하지 않았기 때문이다. 이때는 줄을 풀어 주는 것이 적절하다. 소나는 너무 열심히 정진해서 오히려 공부에 방해가 된 경우다. 이럴 때는 쉬는 것이 곧 중도다. 반대로 게으른 사람에게는 줄을 조이는 것이 적절하다. 어쩌면 지나치게 편리한 것만을 추구하는 오늘의 우리들에게는 고행이 중도가 아닐까 싶다. 중도는 조임과 늘임, 고행과 쉼을 적절하게 활용하는 수행이다.

효봉 역시 정진의 과정에서 쉬는 것을 강조하였다. 특히 오랫동안 익힌 습기로 인해 망상이 일어날 때는 이를 없애려고 힘쓸 것이 아니라 곧바로 쉬는 것이 필요하다. 해인사 가야총림에서 했던 그의 법문을 통해 우리는 쉼이 얼마나 중요한 수행인지 확인할 수 있다.

"언제나 살펴보고 부지런히 돌이켜 보다가 조금이라도 습기習氣
가 일어나면 그 자리에서 곧 쉴 것이요, 부디 그것을 따르지 말고
또 그것을 없애려고도 하지 말라. 만일 습기를 따르지 않으면 범
부의 정情에 떨어지지 않을 것이요, 그것을 없애지 않으면 이승二乘
의 단혹斷惑에 떨어지지 않을 것이니, 다만 심성心性과 상응相應하면
깨달음의 지혜가 스스로 뚜렷이 밝아질 것이다."

수행의 과정에서 몸과 마음에 밴 습기가 일어나는 것은 당연하
다. 이러한 인간의 실존으로부터 벗어날 수는 없는 일이다. 이럴
때는 억지로 정진할 것이 아니라 무조건 쉬는 것이 중도, 즉 적절
한 수행이다. 그래야 습기의 구속에 얽매이지 않고 깨달음의 지
혜를 밝게 드러낼 수 있다.

이처럼 쉬는 것을 『진심직설眞心直說』에서는 휴헐休歇이라고 하
였다. 휴헐은 십종식망법十種息妄法, 즉 망념을 쉬는 열 가지 공부
가운데 하나다. 이는 공부할 때 "마음이 일어나면 곧 쉬고, 인연
을 만나도 곧 쉬는(心起便休 遇緣便歇)" 것이다. 그렇다면 어디에서 쉬
어야 할까? 번잡한 도심보다 한적하고 조용한 곳이 좋겠지만, 효
봉은 그렇지 않다고 한다.

"내 마음이 쉬지 않으면 고요한 곳이 곧 시끄러운 곳이 되고, 내 마음이 쉬기만 하면 시끄러운 곳도 고요한 곳이 된다. 그러므로 다만 내 마음이 쉬지 않는 것을 걱정할 것이요, 경계를 따라 흔들려서는 안 된다. 경계는 마음이 아니요 마음은 경계가 아니니, 마음과 경계가 서로 상관하지 않으면 걸림 없는 한 생각이 그 앞에 나타날 것이다."

우리는 복잡한 일이 생기면 마음을 정리한다면서 조용한 산사나 인적 없는 바다를 찾기도 한다. 그런데 산이나 바다가 아무리 고요해도 내 마음이 분주하다면 아무런 소용이 없다. 쉬어야 할 것은 대상이 아니라 내 마음이기 때문이다. 효봉의 지적처럼 분주한 마음을 내려놓고 쉬기만 하면, 아무리 많은 사람들이 시끄럽게 떠들어도 고요한 곳이 된다. 반대로 내 마음이 쉬지 못하면 어디에 있더라도 시끄러운 공간으로 전락하고 만다. 대상을 걱정할 것이 아니라 내 마음이 고요한지 분주한지 살펴서 쉬는 것이 중요하다는 뜻이다.

『장자』에는 그림자를 싫어하는 사람의 이야기가 나온다. 그 사람은 그림자를 떨쳐 내려고 빨리 뛰어가지만, 그러면 그럴수록 그림자 역시 빨리 따라올 뿐이다. 어리석은 사람이라고 비웃을지 몰라도 분명한 목적 없이 분주하게만 살고 있는 오늘의 우리 모습과 별반 다르지 않다. 이야기 속의 어리석은 사람은 '뭣이 중헌디?'를 모른 채 일중독에 빠져 있는 현대인을 많이 닮아 있다. 그렇다면 그림자를 피하기 위해서는 어떻게 해야 할까? 정답은 의외로 간단하다. 나무 그늘에서 푹 쉬면 모두 해결되는 일이다. 다만 우리 마음이 늘 분주해서 이를 알아차리지 못할 뿐이다.

"그러면 여기 모인 대중은 일체의 망상을 다 쉬었는가? 우리는 날마다 아침에 일어나 저녁에 잘 때까지 그 하는 일이란 모두 망상뿐이며, 심지어 꿈속에서도 또한 망상이니, 망상이 한번 일면 천만 가지가 모두 착각이어서 번뇌의 문을 열고 청정한 세계를 더럽히게 된다."

망상을 모두 쉬었느냐는 효봉의 질문이 아프게 다가온다. 그의 지적처럼 아침에 일어나서 잠자리에 들 때까지 망상과 함께 생활하고 있으니 말이다. 사람들은 스마트폰이 옆에 없거나 배터리가 다 닳으면 무척 불안해한다. 그래서 스마트폰 충전하는 일에 마음을 빼앗기면서도 정작 소중한 자신은 방전시키면서 살고 있다. 정동원이란 가수가 부른 「여백」이란 노래에 나오는 가사다.

"전화기 충전은 잘 하면서 내 삶은 충전하지 못하고 사네. 마음에 여백이 없어서 인생을 쫓기듯 그렸네."

쉼은 마음에 여지餘地를 두는 일이다. 잊지 말기로 하자. 쉬는 것도 수행이다.

부처의 뜻, 부처의 말

마음과 언어

"말할 수 있는 것은 분명하게 말하라. 그러나 말할 수 없는 것에 관해서는 침묵해야 한다."

20세기 분석철학을 대표하는 비트겐슈타인(Ludwig Josef Johann Wittgenstein, 1889~1951)의 유명한 말이다. 그렇다면 말할 수 있는 것과 말할 수 없는 것을 어떻게 구분할 수 있을까? 그에 의하면 검증을 통해 확인할 수 있는 것만 말할 수 있는 영역에 속한다.

예를 들어 자신이 살고 있는 동네에 포교당이 들어섰다고 가정해 보자. 그것이 사실인지 아닌지 직접 방문해서 확인할 수 있으므로 "친구야, 우리 동네에 포교당이 생겼는데, 한번 가 보지 않을래?"라고 말하는 것은 가능하다. 하지만 사람이 죽으면 천국이

나 지옥에 간다는 것은 말할 수 없는 영역이다. 사실인지 아닌지 검증할 수 없기 때문이다. 이뿐만 아니라 잘 알지도 못하는 상대방의 감정에 대해 이러쿵저러쿵 섣불리 단정해서 말하는 것도 조심해야 한다. 한마디로 확인되지 않은 문제들에 대해서는 침묵을 지켜야 한다는 것이 비트겐슈타인의 생각이다.

그의 지적을 받아들인다면 종교는 침묵을 선택할 수밖에 없다. 종교는 검증이 아니라 믿음을 바탕으로 삶의 의미를 성찰하는 영역이기 때문이다. 불교 역시 예외가 아니어서 말할 수 있는 것이 별로 없다. 불교의 모든 것은 붓다의 깨침을 원천으로 하고 있는데, 깨침(覺)은 언어의 길이 끊어진(言語道斷) 종교적 체험이니까 말이다. 그런데 붓다는 말할 수 없는 깨침의 세계에 대해 45년 동안 엄청난 말들을 쏟아 냈다. 참으로 아이러니한 일이 아닐 수 없다. 이를 상징적으로 보여 주는 것이 해인사에 보존되어 있는 팔만대장경이다.

붓다가 침묵이 아니라 말을 선택한 이유가 있다. 그것은 바로 깨침의 세계와 교통할 수 있는 수단 가운데 언어만큼 효과적인 것도 없기 때문이다. 진언(眞言)이나 만다라 등을 통해서도 진리를 전하는 것은 가능하지만, 언어만큼 대중적이지는 않다.

선(禪)에서는 언어나 소리, 그림과 같은 방편이 아니라 직접 마음과 만나는 것을 택한다. 선불교에서는 붓다의 가르침이 언어, 문자가 아니라 마음을 통해서 전해졌다고 주장한다. 흔히 얘기되는 이심전심以心傳心이 바로 그것이다. 선은 교학 이외에 별도로 전해졌으며教外別傳 문자를 세우지 않는다不立文字고 강조한 이유도 여기에 있다. 언어라는 수단이 아니라 곧바로 마음을 가리켜直指人心 성품을 보고 성불하는見性成佛 것이 달마가 전한 선의 전통이다.

이러한 선불교가 우리나라에 들어온 것은 신라 말이다. 잘 알려진 것처럼 구산선문九山禪門, 즉 아홉 개의 산문을 중심으로 전개되면서 선禪은 유식唯識이나 화엄華嚴과 같은 기존의 교학教學 체계와 경쟁을 하게 된다. 그 과정에서 불교 사상과 문화적인 측면에서 발전이 이루어진 것도 사실이지만, 부정적인 영향도 적지 않았다. 선종禪宗과 교종教宗 간의 대립과 갈등이 도를 넘어 서로 원수처럼 싸우는 상황이 벌어졌으니 말이다. 효봉이 마음의 스승으로 여겼던 지눌은 이러한 문제의 심각성을 깊이 인식하고 어떻게 하면 선禪과 교教가 하나 될 수 있을까 고민했던 인물이다. 그가 찾은 해답은 오늘날까지 한국불교의 전통으로 자리하고 있다.

"선은 부처님의 마음이요, 교는 부처님의 말씀이다禪是佛心 教是佛語."

마음을 밖으로 표현한 것이 말이므로 선과 교는 둘이 아니라 하나로 통할 수 있다는 뜻이다. 참으로 단순하면서도 명쾌한 논리가 아닐 수 없다. 이렇게 되면 서로 원수처럼 싸울 이유가 사라지는 셈이다. 말과 마음이 만나 소통하는 모습을 우리나라 도량에서 많이 볼 수 있다. 선종 사찰에서 『화엄경』이나 『법화경』 등의 경전을 공부하고 교종 사찰에서 선을 수행하는 모습이 전혀 낯설지 않다. 다른 나라에서는 찾아보기 힘든 광경이다. 이러한 선교회통禪敎會通은 한국불교의 중요한 특징이라고 할 수 있다.

이러한 회통적 전통이 자리 잡기까지 한국불교는 수많은 진통을 겪어야 했다. 효봉 당시에도 선과 교의 갈등이 심각했던 것 같다.

"우리 세존世尊께서 멸도滅度한 지 삼천 년이 가까운데 바른 법正法이 지금보다 더 쇠퇴한 적은 없었다. 왜 그러냐 하면 선교禪敎의 무리들이 제각기 견해를 달리하기 때문이다."

효봉이 해인사 가야총림에서 했던 법문 내용이다. 선교 간의 견해 차이가 불교의 쇠퇴를 가져왔다는 지적이다. 도대체 그들의 생각 차이가 얼마나 컸기에 효봉은 이처럼 심각하게 바라보고 있었을까? 그리고 선과 교학의 차이를 좁히고 회통할 수 있는 방법은 없을까?

부처의 뜻을 알면 부처의 말이 된다

몸이 아플 때 진통제에 지나치게 의존하는 사람이 있다. 하지만 진통제는 순간의 고통을 완화시켜 주는 것일 뿐 근원적인 처방이 아니다. 병을 치료하고 건강을 회복하기 위해서는 문제의 원인을 정확히 진단하는 일이 중요하다. 필요하다면 메스를 사용해서 상처를 도려내는 일도 감수해야 한다. 선교 간의 대립과 갈등 역시 마찬가지다. 좋은 게 좋은 거 아니냐는 식의 진통제가 아니라 문제의 원인을 찾고 해소하려는 노력이 필요하다. 그렇다면 효봉이 느낀 교학의 문제는 어디에 있을까?

"교학자教學者들은 마치 찌꺼기에 탐착하여 바다에 들어가 모래를 세는 것과 같아서, 교教를 말할 때에 사람의 마음을 바로 가리켜 깨달아 들어가는 문이 있는 줄을 알지 못하고 곧 사견邪見에 떨어져 있다."

교학을 가리켜 흔히 달을 가리키는 손가락^(標月之指)에 비유하곤 한다. 깨침이라는 달을 보려면 손가락이라는 방편이 필요하다는 뜻이다. 그 방편이 바로 붓다의 말씀인 경전이다. 그런데 우리의 시선이 손가락에 머물러 있다면, 정작 중요한 달은 볼 수 없게 된다. 방편이 아무리 중요하다 해도 달을 보지 않는다면 아무 소용 없는 일이다. 효봉의 지적처럼 바다에 들어가 모래를 세는 것처럼 어리석은 행위일 뿐이다. 이러한 삿된 견해에 떨어지면 달을 보는 일은 요원하다. 그렇다면 어떻게 해야 할까? 효봉은 일상의 예를 들어 다음과 같이 말한다.

"경학經學을 공부하는 사람에게 한마디 하리라. 무릇 경론經論을 공부하는 사람은 무엇을 위해서인가. 그것을 세간법世間法에 비하면, 의학자는 병원을 차려놓고 모든 사람의 병을 고치는 데에 그 목적이 있고, 사업가는 갖가지 사업을 경영하는 데에 그 목적이 있으며, 법학자는 행정이나 사법으로 국민들을 위해 봉사하는 데에 그 목적이 있는 것이다. 이와 같이 경학을 공부하는 사람도 불조佛祖의 어록語錄을 공부하여 불조가 되는 문에 들어가 실천하는 데에 그 목적이 있으니, 그같이 하면 학인과 교수가 다 이롭겠지만, 그렇지 못한다면 그것은 자신과 타인을 다 속이는 일이다."

이처럼 효봉은 교학을 공부하는 목적이 어디에 있는지 분명히 성찰하라고 요구한다. 불조의 어록이라는 손가락을 통해 직접 달을 보아야 한다는 것이다. 단순하면서도 명확한 처방이다. 이번에는 효봉이 선학자들을 향해 던지는 사자후를 들어보자.

"선학자禪學者들은 이른바 본래부터 부처(本來佛)가 되었으므로 미혹迷惑도 없고 깨침도 없으며, 범부도 없고 성인도 없으며, 닦을 것도 없고 증證할 것도 없으며, 인因도 없고 과果도 없다 하여, 도둑질과 음행과 술 마시기와 고기 먹기를 마음대로 감행하니 어찌 가엾지 아니한가. 이 일을 밝히고자 한다면 모름지기 바다 속에 들어가 육지를 다닐 수 있는 수단과 번갯불 속에서 바늘귀를 꿰는 눈을 갖추어야 할 것이다."

자신이 본래 부처라는 것만 믿고 막행막식하는 당시의 관행을 효봉은 날카롭게 지적하고 있다. 선의 핵심은 마음이 부처(心卽佛)라는 것을 깨치는 데 있다. 하지만 부처라는 성품(佛性)이 현실에서 작동하지 않으면, 그저 가엾은 중생에 불과할 뿐이다. 이는 붓다의 길도 아니며, 출가자의 본분도 아니다. 그렇다면 어떻게 해야 할까? 그의 지적처럼 번갯불 속에서도 바늘귀를 정확히 꿸 수 있는 바른 눈을 갖추어야 한다.

"대개 출가出家한 사람은 반드시 부처의 뜻(佛意)을 알아야 하는
것이니, 부처의 뜻을 알려면 부처의 행(佛行)을 지녀야 하고, 부처의
말(佛語)을 하려고 하면 반드시 부처의 뜻을 알아야 한다⋯⋯. 부처
의 뜻을 알지 못하면 아무리 머리 위에서 물을 내고 발밑에서 불
을 내며, 겨드랑이에서 바람을 일으키고 구름 일어나듯 비 쏟아지
듯 설법하며, 삼승십이분교三乘十二分敎를 강설할 때에 천상의 꽃이
수없이 쏟아질지라도 그것은 다 마군의 말(魔說)이다. 그러나 부처
의 뜻을 안 뒤에는 입만 벌리면 그 한마디 반 마디의 말이 모두 부
처의 말(佛說)이 될 것이다."

교학을 공부하고 선을 수행하는 모든 이들에게 귀감이 되는 가
르침이다. 마음과 언어, 선과 교가 하나 되는 길이 불의佛意와 불
행佛行, 불어佛語에 있었던 것이다. 오늘에도 여전히 교학을 공부
하는 사람과 참선을 중시하는 이들 사이에 보이지 않는 어떤 벽
이 존재하는 것 같다. 때로는 자신의 영역이 중요하다고 하면서
상대를 존중하지 않는 모습을 보이기도 한다. 혹여 '마음'과 '말'에
집착해서 '뭣이 중헌디?'를 놓치고 있는 것은 아닐까?

효봉의 메시지를 가볍게 보아서는 안 된다. 그의 지적처럼 부처의 뜻을 알고 실천하면 부처의 말이 된다.

목우가풍의 전승

목우가풍이란?

　매년 학기 초가 되면 불교대학 학장으로서 작은 고민이 하나 생긴다. 그것은 다름 아닌 그해 입학하는 기수의 이름을 짓는 일이다. 그동안 지은 이름을 살펴보니, 마음을 의미하는 소 '우牛' 자가 많이 들어가 있었다. 목우회牧牛會와 심우회尋牛會를 비롯하여 견우회見牛會, 우림회牛林會 등이 그것이다.

　대부분 보조국사 지눌과 관련된 이름이다. 지눌은 스스로 목우자牧牛子, 그러니까 '소 치는 아이'라 불렀으며 그가 평생 사람들에게 전한 메시지도 잃어버린 소를 찾으라(尋牛)는 것이었다. 그렇게 애써 소를 발견해도(見牛) 이 녀석이 말을 듣지 않고 남의 밭을 해치고 다닐 때 필요한 것이 소를 길들이는 목우행牧牛行이다. 그리고 잃어버린 마음을 찾겠다는 발심을 하고 모인 공간이 바로 소

숲(牛林)이다. 아무래도 보조국사, 송광사와의 오랜 인연이 영향을 끼친 것 같다.

지난해 입학한 학인들이 송광사로 답사를 다녀온 적이 있다. 당시 송광사의 역사와 문화, 불일암 등 산내 암자를 톺아보면서 나름 만족도가 컸던 것 같았다. 답사를 마친 후 어느 학인이 단톡방에서 그날의 소회를 밝히고 이런 질문을 하였다. 송광사를 답사하면서 '목우가풍牧牛家風', '정혜쌍수定慧雙修'라 쓰인 글씨를 보았는데, 무슨 의미인지 알고 싶다는 것이었다. 질문을 한다는 것은 공부를 했거나 관심이 있다는 뜻이다. 그래서인지 기분이 무척 좋았다. 돌아오는 수업 시간에 일부러 시간을 할애해서 송광사와 목우가풍, 정혜쌍수에 대한 이야기를 함께 나누었다.

그렇다면 목우가풍이란 무엇일까? 목우는 지눌을 가리키므로 이는 그가 주창한 깨침과 닦음의 체계를 의미한다. 한마디로 지눌이 송광사에서 중시한 수행 스타일이라 할 것이다. 가수 싸이가 「강남 스타일」을 발표하자 사람들은 이 노래를 강북 스타일, 충북 스타일 등 다양한 형태로 바꾸어 불렀다. 선불교에서도 점차적인 닦음을 중시하는 북종선北宗禪과 즉각적인 깨침을 중시하는 남종선南宗禪 스타일이 다르고 같은 남종선에서도 각각의 종파에 따라 가풍이 다르다.

지눌이 송광사에서 추구한 스타일은 흔히 얘기되는 것처럼 돈오점수頓悟漸修와 정혜쌍수定慧雙修, 선교회통禪敎會通 등으로 요약할 수 있다. 지눌 선사상의 핵심은 마음이 부처(心卽佛)임을 일시에(頓) 깨치고(悟) 깨치기 이전 중생으로 살면서 쌓인 습기를 점차로(漸) 제거하기 위한 수행(修)을 하는 데 있다. 그리고 점수의 내용이 바로 선정과 지혜를 함께 닦는 실천이다. 이는 지눌 이후 800여 년 동안 지켜 온 송광사의 수행 전통이다.

이러한 지눌의 목우가풍을 상징적으로 드러낸 말이 '호시우행虎視牛行', 즉 호랑이처럼 보고 소처럼 실천하라는 것이다. 2022년이 임인년壬寅年 '호랑이 해'라 그런지 이 말이 여기저기서 회자되고 있다. 4차 산업혁명과 기후 변화, 코로나19의 혼란기에는 무엇보다 호랑이와 같은 날카로운 통찰력과 소와 같은 묵묵한 실천이 필요하다고 생각하는 것 같다.

지눌 당시에도 불교계 안팎으로 많은 어려움을 안고 있었다. 안으로는 선종과 교종 간의 대립과 갈등이 극에 달했으며, 밖으로는 승려들이 무인정권과 결탁해서 타락의 길을 걷고 있었던 것이다. 이러한 혼란기에 지눌은 호랑이 눈으로 현실을 정확히 직시하고 소와 같은 걸음으로 느리지만 끊임없이 실천하는 것을 강조하였다. 이를 현실에서 구체화한 것이 정혜결사운동이었다. 목우가풍이란 한마디로 '호랑이 눈, 소걸음'에 입각해서 선정과 지혜를 함께 닦는 스타일이라 할 수 있다.

효봉은 이러한 지눌의 목우가풍을 전승하기 위해 애쓴 인물이다. 「생애」에서 살펴본 것처럼 그는 송광사에 주석하면서 이름을 효봉학눌曉峰學訥로 바꾼다. 효봉曉峰은 지눌의 16세 법손인 고봉高峰에게 몽중설법夢中說法을 듣고 받은 법호며, 학눌學訥은 '지눌을 공부한다.'는 의미를 담아 스스로 지은 법명이다. 자신을 진리의 길로 이끈 스승에게 운봉원명雲峰元明이라는 귀한 이름을 받았지만, 이를 바꿀 만큼 간절했던 것이다. 이는 곧 보조지눌의 목우가풍을 전승해야 한다는 소명의식의 발로라고 할 수 있다. 스승인 석두石頭 또한 제자의 문제의식에 깊이 공감하고 기쁜 마음으로 받아들였다.

효봉은 송광사에 주석하면서 오랫동안 끊긴 목우가풍을 살리기 위해 수좌들과 함께 오후불식午後不食과 장좌불와長坐不臥, 묵언黙言 등을 실천하면서 이곳을 수행의 향기가 넘치는 도량으로 장엄하였다. 오늘의 송광사는 효봉을 비롯하여 목우가풍을 전승하기 위해 애쓴 이들의 결과물이다.

소 잃고 외양간 고치자

"소 잃고 외양간 고친다."는 속담이 있다. 어떤 일이 잘못된 뒤에는 아무리 손을 써 봐도 소용없다는 뜻이다. 그러나 우리는 이 말을 좀 더 현실적으로 음미할 필요가 있다. 왜냐하면 소를 잃기 전에는 외양간을 고쳐야겠다는 문제의식을 갖기 어렵기 때문이다. 소를 잃어 봐야 비로소 외양간을 고치는 일이 얼마나 중요한지를 깨닫게 된다는 것이다.

오래전 우리 사회는 성수대교와 삼풍백화점 붕괴라는 엄청난 사건과 마주해야 했다. 그때도 소 잃고 외양간 고친다는 말이 나왔지만, 외양간은 여전히 고쳐지지 않았다. 얼마 전 광주에서 벌어진 아파트 붕괴 사고 역시 외양간을 고치지 않아서 생긴 결과가 아니던가. 구의역 스크린도어를 설치하던 젊은 청년이 목숨을 잃었을 때도 이런 말이 나왔지만, 얼마 지나지 않아 똑같은 사고가 발생하였다. 소를 잃었는데도 여전히 외양간을 고치지 않은 것이다. 그래서 우리는 생각을 바꿔서 이 속담을 '소 잃고 외양간 고치자.'로 해석할 필요가 있다. 외양간에는 여전히 많은 소들이 자리하고 있으니까 말이다.

이런 이야기를 하는 이유는 지눌이 세우고 효봉이 이어 온 목우가풍이 다름 아닌 외양간 고치는 일이라 생각하기 때문이다. 불교에서 소는 마음을 의미하므로 소를 잃었다는 것은 결국 본래의 마음, 즉 불성佛性을 상실했다는 것을 의미한다. 법당 벽면에서 흔히 볼 수 있는 심우도尋牛圖는 잃어버린 소를 찾아 떠나는 여정을 보여 주고 있다.

지눌의 눈에 비친 고려불교는 소를 잃었는데도 불구하고 외양간을 고치고 있지 않았다. 그것이 출가자의 본분인 마음은 닦지 않은 채 불법佛法을 빙자하여 재물과 권력을 탐하는 모습으로 나타난 것이다. 그의 모든 사상체계는 고려불교라는 무너진 외양간을 고치기 위한 고뇌에서 나온 산물이었다. 지눌이 '마음이란 무엇인가?'에 대한 문제에 깊이 천착하고 이에 입각해서 깨치고 닦는 수행체계를 확립한 것도 외양간을 새롭게 고치기 위한 설계 작업이었다.

그리고 지눌은 이를 완성하기 위하여 팔공산 거조암居祖庵에서 "땅에서 넘어진 자, 땅을 짚고 일어나라因地而倒者 因地而起."는 말로 시작되는 「정혜결사문」을 선포하고 본격적인 결사운동에 돌입하게 된다. 전국에서 수많은 사람들이 몰려들었다. 그 많은 사람들을 수용하기에 거조암은 장소가 너무 비좁았다. 그래서 택한 곳이 바로 오늘날 승보종찰로 유명한 송광사다. 고려불교를 혁신하

겠다는 마음을 내고 찾아온 수행자들이 이곳을 선禪의 향기 가득
한 도량으로 장엄하였다. 송광사라는 외양간에 집을 나간 소들이
다시 돌아오기 시작하였다. 모두 외양간을 고쳤기 때문에 가능한
일이었다.

지눌 이후 송광사는 16국사를 배출할 만큼 외양간 고치는 일에
진력을 다했지만, 고려불교는 한계에 봉착하고 말았다. 그 결과
고려왕조가 조선으로 바뀌면서 불교는 500년 동안 억불抑佛의 고
통 속에서 신음해야만 했다. 이 모두가 소를 잃었는데도 외양간
을 고치지 않았기 때문에 벌어진 일이다. 역설적으로 들릴지 몰
라도 '소 잃고 외양간 고치자.'고 말하는 이유도 여기에 있다.

효봉은 지눌을 공부하면서 목우가풍이 한국불교라는 외양간을
새롭게 고치고 잃어버린 소들을 다시 돌아오게 하는 비결임을 인
식하였다. 그가 목우가풍을 전승하기 위해 노력한 이유이기도 하
다. 그는 외양간이 무너져서 마음을 잃어버린 당시의 모습을 이
렇게 그리고 있다.

"슬프다. 예사로 공부하는 말세 중생들이 구두선口頭禪만을 배우
고 실제의 이해는 전혀 없어 몸을 움직이면 유有를 행하면서 입
을 열면 공空을 말한다. 스스로 업력業力에 이끌림을 알지 못하고 다

시 남에게는 인과因果가 없다고 가르치면서, 도둑질과 음행이 보리菩提에 장애되지 않고 술을 마시고 고기 먹음이 반야般若에 방해되지 않는다 하니, 그런 무리들은 살아서는 부처님의 계율을 어기고 죽어서는 아비지옥에 빠질 것이다."

현재 일어나고 있는 현상을 호랑이 눈으로 정확히 직시해야 이를 해결하기 위한 길도 모색할 수 있는 법이다. 그가 진단한 한국 불교는 지눌 당시와 크게 다르지 않았다. 그래서 효봉은 외양간을 고치기 위해 육조혜능六祖慧能과 조주종심趙州從諗, 보조지눌을 모델로 삼아 설계도를 그렸다.

"그러므로 이 산승은 상세上世로는 육조를 섬기고 중세中世로는 조주를 섬기며 하세下世로는 보조를 섬긴다. 이 산승의 법량法量은 그분들에 비해 만분의 일에도 미치지 못하지만 친절이란 두 자에 이르러서는 조금도 손색이 없으리라. 그러므로 대중이 법을 물을 때에는 반드시 친절해야 하는 것이니, 그래야만 그 대답도 또한 친절할 것이다. 실답게 참구하고 실답게 깨치어라."

여기에서 친절이라는 단어가 눈에 띈다. 효봉은 목우가풍을 계승하여 불교를 친절하게 소개한 인물이다. 우리는 지금 그가 설계하고 새로 고친 외양간에서 마음이라는 소를 길들이고 있다. 효봉이 지눌을 공부하고 그의 가풍을 계승한 것처럼, 오늘의 우리도 효봉을 공부하고 그 가풍을 이어 나가야 한다. 소를 잃지 않기 위해서도 꼭 필요한 일이다.

에필로그

학봉學峰의 길

학봉의 길이란?

"길은 걸어야 생긴다(道行之而成)."

프롤로그에서 인용한 장자莊子의 말이다. 아무리 좋은 길도 사람이 다니지 않으면 사라지고 만다. 반대로 길이 없는데도 사람들이 자꾸 걷다 보면 새로운 길이 만들어진다. 지난 2년이 넘는 시간 동안 효봉이 걸어서 생긴 길을 몸으로, 마음으로 걸어 보았다. 그가 수행하고 제자들을 진리의 세계로 안내한 길이다. 승보종찰 송광사를 비롯하여 해인사와 동화사, 수덕사, 쌍계사, 미래사 등은 효봉의 삶의 흔적이 고스란히 남아 있는 곳이다. 모두 우리나라를 대표하는 도량들이다.

이 길을 걸으면서 내가 느낀 그의 삶을 그리고 싶었다. 이뿐

만 아니라 그가 걸으면서 설계한 사유의 길도 있다. 효봉의 선사
상이라 불리는 사유의 길 역시 관념이 아니라 우리들이 매일같이
부대끼며 살고 있는 현실 속에서 그려 보고 싶었다.

처음 이 글을 쓸 때의 일이다. 『에세이 효봉』을 준비한다는 사
실을 알게 된 지인이 학봉^{學峰}의 마음으로 글을 쓰는 것이 어떻겠
냐는 조언을 해 주었다. 효봉이 지눌을 배운다는 뜻으로 학눌^{學訥}
이라 이름하고 길을 나선 것처럼, 나 역시 효봉을 배운다는 마음
으로 공부하고 글을 써 보라는 것이었다. '효봉을 잘 모르는데, 어
떻게 써야 할까?' 고민하던 와중에 이런 조언을 들으니 용기가 생
기고 감사한 마음이 들었다. 그래서 2년 동안 스스로 학봉이 되어
그의 길을 걸어 보려고 나름 애써 보았다.

효봉이 걸었던 길을 순례하면서 설렘도 있었지만, 낯설다는 느
낌이 먼저 다가왔다. 프롤로그에서 잠시 언급한 것처럼, 생각은
익숙한 상황이 아니라 낯선 상황과의 만남에서 발생한다. 그래
서인지 효봉의 수행처를 답사할 때마다 문제의식을 가지고 떠났
던 것 같다. 그가 왜 이 도량에 왔으며, 그것이 효봉의 삶과 한국
불교에 어떤 의미를 갖는지 생각^{生覺}하면서 수행처를 걸었던 것이
다. 항상 그런 것은 아니지만 여정을 마치고 나면 묘하게도 질문
에 대한 답이 저절로 풀리는 느낌을 받곤 하였다. 쉽지 않은 글쓰

기 과정에서 효봉을 알아 간다는 뿌듯함을 느낀 이유다.

우리 삶이 그런 것처럼, 낯선 상황은 오래 지속되지 못한다. 낯선 상황에 익숙해지면 내가 왜 이 길을 걷는지 잊어버리고 자신도 모르게 매너리즘에 빠져들고 만다. 답사를 하고 매달 글을 쓰는 일이 반복되면서 낯섦이 어느새 익숙함으로 바뀐 것이다. 이렇게 되면 문제의식과 간절함이 결여될 수밖에 없다. 모두 학봉의 마음을 잃어버렸기 때문에 생긴 일이다. 나태해진 자신을 발견할 때마다 '아차! 그러면 안 되지.' 이렇게 스스로를 채찍질하기도 하였다. 그러면서 '학봉의 길이 무엇일까?' 하는 근원적인 질문을 던져 보았다.

효봉을 순례하면서 느낀 학봉의 길은 다름 아닌 자신의 삶에 대해 끊임없이 질문을 던지는 것이었다. '우리는 어떤 존재인가?' 하고 말이다. 이를 선불교 언어로 표현한다면 '이 뭣고(是甚麼)?'가 된다. 이 질문이 중요한 것은 내가 모른다는 것을 자각했을 때 나올 수 있는 물음이기 때문이다. 그럴 때 비로소 자신의 참 모습이 무엇인지 알려는 공부가 시작되는 것이다. 자신을 이미 알았다고 생각하면 사람들은 더 이상 알려고 하지 않는다. 이미 알고 있는데, 굳이 알고 싶은 마음이 생기지 않는 것이다. 이때 싹트는 마음이 바로 오만이다.

마음공부든 사람과의 관계든 오만의 감정이 드는 순간이 가장 위험하다. 선禪에서도 모두 알았다고 생각하면 더 이상 공부하려고 하지 않는다. 스스로를 높이는 자고심自高心과 막행막식은 여기에서 나오는 심각한 부작용이다. 그래서 수많은 선사들은 깨침 이후에도 보림保任을 강조했던 것이다.

일상적인 사람 관계도 마찬가지다. 자식을 모두 알았다고 생각하면, 부모는 더 이상 알려고 하지 않기 때문에 자녀들이 학교에서 왕따를 당해 얼마나 힘든 시간을 보내고 있는지 모를 수 있다. 반대로 자식들이 오만해지면 나이 들어 혼자되신 부모가 얼마나 외롭고 쓸쓸한지 알지 못한다. 효봉이 모른다는 의미를 담아 스스로 '무라 노장'이라 부르면서 자신을 채찍질하고 지눌이 '다만 모른다는 것을 알라但知不會.'고 강조한 이유가 있었던 셈이다. 모른다는 자각에서 '우리는 무엇인가?'에 대한 자신만의 답도 나올 수 있는 법이다.

결국 사람

인문학의 분야가 철학과 역사, 문화 등 다양하다고 해도 근원

적인 물음은 '인간이란 무엇이며, 어떻게 살 것인가?' 두 가지로
압축된다. 인문학이 이런 질문을 중시하는 이유는 무엇보다 행복
이 최고의 가치라고 생각하기 때문이다. 인간에 대한 진지한 성
찰을 통해 행복한 삶이 가능하다고 보는 것이다.

'이 뭣고?'라는 선불교의 화두 또한 인문학의 근본 물음과 다르
지 않다. 효봉을 비롯한 선사들의 가르침은 이 물음에 대한 불교
식 해답을 제시한 것이라 할 수 있다. 한마디로 인간은 본래부터
붓다의 성품(佛性)을 갖추고 있는 존엄한 존재이기 때문에 불성을
실현하는 삶을 살아야 한다는 것이다. 그럴 때 비로소 중생의 삶
을 청산하고 깨친 부처로 살 수 있는 것이다. 이것이 불교가 제시
하고 있는 행복의 길이다.

그렇다면 결국 인문학의 모든 문제는 '사람'으로 귀결된다고 할
수 있다. 사람이기 때문에 사람다운 삶을 사는 것은 당연한 이치
인데, 그게 좀처럼 쉽지 않기 때문에 옛 성현들은 인간다움을 강
조했던 것이다. 중국 동진東晉 때 서성書聖으로 추앙의 대상이 되었
던 서예가 왕희지(王羲之, 307~365)가 남긴 유명한 말이다.

"사람이 되지 않으면 전하지 말 것이며, 재능이 덕성을 이기지
않도록 하라(非人不傳 不才勝德)."

평소 좋아하는 구절이라 수업 시간에 자주 인용하곤 한다. 아무리 훌륭하고 좋은 지식이라 해도 사람 되는 교육을 먼저 시켜야 하며, 재능이 있다고 해서 인성人性을 이기도록 해서는 안 된다는 뜻이다. 그래야 스승으로부터 배운 지식과 재능을 다른 이들을 위해 인간답게 사용할 수 있기 때문이다. 그렇지 않고 무조건 재능과 지식을 앞세우게 되면 심각한 부작용을 낳을 수 있다.

오늘날 우리 사회의 문제는 사람보다 능력을 우선하는 풍토가 만연하다는 사실에 있다. 겉으로는 공부보다 인성이 중요하다고 말은 하지만, 실제 현장에서는 그렇지 않다. 학생이 잘못을 해도 공부만 잘 하면 용서해 주는 분위기가 퍼져 있는 것이다. 재능이 인성을 압도하는 시대에 살고 있는 셈이다.

인류의 영원한 스승 마하트마 간디(Mahatma Gandhi, 1869~1948) 역시 사회를 병들게 하는 악덕 가운데 하나로 인격 없는 지식(knowledge without character)을 말한 적이 있다. 지식이 아무리 많아도 인격을 갖추지 않으면 사회에 커다란 악이 될 수 있다는 뜻이다. 이런 현상을 우리는 의사들이 파업을 할 때마다 종종 목격하곤 한다. 아픈 환자가 찾아오면 그 어떤 상황에서도 치료를 하는 것이 의사의 절대적 책임이다. 그런데 일부 의사들은 자신들의 요구를 들어주지 않는다고 위급한 환자를 치료하지 않아 죽음에 이르게 하지 않았던가.

책임을 영어로 'responsibility'라고 하는데, 이는 '반응하다 (response)'는 말에서 나온 것이다. 어린 아이가 배고파서 울면 어머니는 젖을 먹이는 반응을 하며, 화재가 발생하면 소방관은 무조건 불을 끄는 반응을 한다. 이는 어떠한 경우라도 반드시 해야 하는 절대적인 것이다. 울음을 그치지 않으면 젖을 주지 않겠다거나, 처우 개선을 해 주지 않으면 화재 현장에 출동하지 않겠다고 하는 것은 책임을 방기하는 것이다. 현실에서는 별로 일어나지 않는 일이다.

그런데 유독 의사들 세계에서는 이런 일들이 종종 발생한다. 파업을 명분으로 병원에 찾아온 환자를 외면하는 것은 인간으로서 차마 해서는 안 되는 무책임한 행태다. 재능과 특권의식만 있을 뿐 인격을 갖추지 못했기 때문에 일어나는 일이다. 왕희지가 "재능이 결코 인성을 이겨서는 안 된다."고 말한 이유가 있었던 것이다.

효봉 역시 사람을 중심에 두고 가르침을 펼쳤다. 깨치고 닦는 일 모두 사람다운 사람이 되기 위한 길이기 때문이다. 인간다운 삶을 가장 이상적으로 보여 준 인물이 바로 석가모니 붓다다. 효봉은 그 제자로서 붓다가 걸은 길을 직접 걷고 평생 동안 제자들에게 사람 되는 길을 보여 준 인물이다.

"내가 본래 이곳에 온 것은 무엇을 위해서인가. 그것은 명예를
위해서도 아니며 의식을 위해서도 아니다. 다만 이 가운데 사람을
얻기 위해서이니 금년 안에 하나나 반이라도 얻는다면 여기 모인
대중과 이곳에서 목숨을 마치겠지만, 만일 그렇지 못하면 여러분
을 버리고 푸른 구름과 함께 떠나가리라."

효봉이 해인사 가야총림에서 했던 법문 내용이다. 그는 자신의
명예가 아니라 사람을 얻기 위해서 여러 도량을 다니면서 제자들
을 마음 닦는 길로 안내하였다. 그 역시 가르침의 중심에 사람이
있었던 것이다. 재능이 인성을 이기면 안 되는 것처럼, 삼독三毒이
불성을 이기지 않도록 해야 한다. 효봉은 우리에게 그 길을 보여
준 인물이다.

학봉의 길은 '나란 무엇인가?'라는 문제의식을 바탕으로 사람
다운 사람이 되기 위한 길, 인격에서 불격佛格으로 질적 전환을 이
루기 위한 길이다. 오늘의 우리가 그를 공부하고 학봉의 길을 걸
어야 하는 충분한 이유가 있는 것이다.

길이 있어도 사람들이 걷지 않으면 잡풀만 무성한 채 사라지고

만다. 효봉이 만든 길 역시 불자들이 걷지 않으면 사라질 수 있다. 그 길을 보존하기 위해서라도 손에 손 잡고 함께 걸어가면 좋겠다. 『에세이 효봉』이 작은 안내판 정도의 역할이라도 했으면 하는 바람이다.

부록

효봉 스님의 생애를 그린
구상도 九相圖

효봉 스님의 생애를 그린 구상도九相圖

현호효虎 스님(전 보조사상연구원 이사장)

삼세제불三世諸佛과 시방보살十方菩薩이 뭇 중생들이 살고 있는 세계에 출현하여 중생들을 제도하기 위해 일생 동안 여덟 가지 모습을 나타내는 것을 팔상성도八相成道라고 한다. 사바세계의 교주인 석가모니釋迦牟尼 부처님의 생애와 사상을 팔종八種으로 나누어 이야기한 것을 석가모니불 팔상성도八相成道라 하고, 또 그것을 그림으로 표현한 것을 팔상도八相圖라 한다.

1950년, 승보도량 조계산 송광사松廣寺는 동족상잔의 참극인 6·25사변으로 인해 도량의 중심부가 전소된 참극을 맞았다. 그러나 전후의 어려운 상황 속에서도 본사 스님들의 한결같은 신심과 원력으로 송광사 제7차 중창불사를 이룩하였으니 이 어찌 장하지 않으랴! 지난 1969년 봄, 승보종찰 조계산 송광사에 종합수도원인 조계총림이 설립되고 구산九山 스님이 방장方丈스님으로 추대

244

된 후, 송광사는 명실상부한 승보도량으로 그 명성을 다시 국내외적으로 널리 드날리게 되었다. 하지만 수많은 총림대중들이 여법하게 수행정진하기에는 아쉬움이 많았다.

송광사를 승보도량답게 중흥하라는 효봉曉峰 스님의 간곡한 유촉을 받들어 1983년 봄, 불일 보조국사佛日普照國師 종재일을 기해 구산 방장스님의 발원으로 역사적인 송광사 제8차 중창불사를 시작하였다. 갖은 우여곡절 속에서도 10여 년간의 각고 끝에 드디어 오늘날과 같은 장엄한 승보도량이 이룩되었다.

송광사는 국보國寶, 보물寶物 등 수많은 국가지정문화재를 소장하고 있는데 그중에서도 사원건축으로는 국보 제56호로 지정된 국사전國師殿이 으뜸이라고 할 수 있다. 하기에 송광사 제8차 중창불사 때에 이 국사전의 건축과 단청양식을 후세에 길이 전하기 위해 효봉영각曉峰影閣을 신축하면서 국사전의 건축양식과 단청양식을 그대로 응용해 재현시킨 것이다. 국사전은 정면 4칸이요, 측면이 3칸인 맞배지붕으로 무고주 5량의 통칸 구조인 것을 효봉영각은 정면 5칸으로 짝수에서 홀수로 한 칸만 더 넓혀서 신축하고 보니 외벽에 벽화壁畵를 그릴 벽면이 아홉 면이 되었다. 그리하여 효봉영각의 아홉 면의 벽면에 효봉 스님의 생애와 사상을 그린 '효봉 스님 구상도九相圖'가 탄생된 것이다.

어떤 사물을 관찰할 때 그 사물을 어떤 면에서 보고 판단하느냐에 따라 그 모양과 가치 기준이 달라지듯이, 한 인간의 삶과 일생 동안의 행적과 사업들도 마치 그와 같지 않을까. 효봉 스님의 파란만장한 극적인 생애와 사상을 어떤 면에서 보고 어떻게 이해하고 또 어떻게 표현하느냐에 따라 스님의 일생을 그린 벽화의 이야기가 달라지겠지만, 우선 아홉 면의 벽면에 다음과 같이 '효봉 스님 구상도九相圖'를 구성하였다.

1. 신동출현神童出現　　2. 인생무상人生無常　　3. 구법행각求法行脚
4. 출가득도出家得度　　5. 정진오도精進悟道　　6. 정혜쌍수定慧雙修
7. 대진선풍大振禪風　　8. 종단정화宗團淨化　　9. 적광보조寂光普照

첫째_ 신동출현神童出現

효봉曉峰 스님은 1888년(戊子年) 음력 5월 28일에 평안남도 양덕군 쌍용면 반성리 금성동에서 수안 이씨 병억炳億을 아버지로 경주 김씨 현現을 어머니로 5남매 중 3남으로 태어났다.

어린 시절부터 할아버지와 부모님의 총애를 한껏 받으면서 한학을 공부하고 사서삼경四書三經을 수학하였다. 1901년 14세 때에 평안감사가 베푸는 백일장에 장원급제하여 주위로부터 고을에 신동神童이 나왔다고 많은 칭송을 받으면서 자랐다. 이렇게 꿈 많던 소년기를 보낸 것을 '신동출현神童出現'이라 표현하였다.

둘째_ 인생무상人生無常

1908년 21세 때 일제 식민지 시대에 개화의 물결을 따라 평양 소학교와 고등보통학교를 졸업하고 관선유학시험에 합격하여 일본 유학길에 올랐다.

1913년 26세 때에 와세다 대학 법학부를 졸업하고 귀국하여 서울과 함흥의 지방법원과 평양의 복심법원에서 10여 년간 판사 생활을 하였다. 1923년 36세 때에 민족적으로나 시대적으로나 결코 있어서는 안 될 어떤 독립운동사건의 심판을 맡게 되었다. 모든 정황으로 봐서 어쩔 수 없이 사형선고를 내릴 수밖에 없었다. 그러나 이 사건이 계기가 되어 말할 수 없는 회의와 고뇌에 찬 번민의 시간을 보내다가 홀연히 가출家出한 것을 '인생무상人生無常'이라 표현하였다.

셋째_ 구법행각求法行脚

민족적인 울분과 시대적인 회의와 인간적인 고뇌로 번민하다
가 속세의 집을 뛰쳐나와 가장 처음으로 찾은 곳이 서울 남대문
시장이었다. 입고 있던 양복들을 팔아 엿판 하나와 한복 두 벌을
사서 입고 스스로 조실부모한 고아孤兒라고 자칭하면서 정처없이
3년간 엿장수 생활로 팔도강산을 방랑하였다. 하지만 내심으로
는 일구월심 처절한 참회의 길이요, 간절한 구도의 길이며, 오로
지 참된 스승을 찾아 헤맨 나그네 길이었다.

이렇게 파란만장한 3년 세월. 단순한 엿장수의 방랑생활이 아
닌 진정한 자기를 찾아다니던 고난의 3년 세월이요, 고행의 길이
었음을 '구법행각求法行脚'이라 표현하였다.

넷째_ 출가득도出家得度

1925년 38세 때 엿장수의 발길은 드디어 금강산金剛山 유점사楡
岾寺에 이르렀다. 유점사에서 안내를 맡은 어느 한 스님에게 이곳
에 금강산 도인이 있느냐고 물었다. 그러자 신계사神溪寺에 계신

석두石頭 스님이 금강산 도인이라고 소개를 받고 곧장 신계사 보
운암普雲庵으로 찾아가 석두 스님을 친견하였다.

시절인연의 도래이자 이심전심以心傳心이랄까! 스승을 찾던 제
자의 마음과 제자를 기다리던 스승의 마음이 이내 하나가 되었
다. 지난 일들은 모두 전생사前生事요, 몽중사夢中事였다. 때는 음력
7월 8일. 마침내 가출家出이 아닌 진정한 출가出家가 이루어졌다.
판사의 법복法服이 아닌 부처님의 법복法服이 기다리고 있었다. 은
사스님으로부터 운봉원명雲峰元明이란 법명法名과 법호法號를 받고
서 새 생명의 빛으로 다시 태어난 것이다. 이것을 '출가득도出家得
度'라 표현하였다.

다섯째_ 정진오도精進悟道

속세에서 세상살이를 하다가 뒤늦게 출가하여 수행하는 것을
'늦깎이 중'이라고 한다. 스스로 조실부모한 엿장수라 자칭하며
늦게 출가를 하였으니 남들처럼 한가하게 처신할 수도 또 한 시
라도 방일할 수도 없었다. 스승의 지도를 받다가도 제방선원에
주석하고 계신 당대의 선지식 스님들을 찾아다니면서 구법행각

을 게을리하지 않았다. '절구통 수좌'라는 별명을 들으면서까지
오후불식午後不食과 장좌불와長坐不臥와 용맹정진勇猛精進을 해 봐도
결코 시원치가 않았다.

하기에 1930년 43세 때 금강산 신계사 법기암法起庵 뒤편에 단
칸 토굴을 짓고 3년을 기한하고서 필사적인 용맹정진을 단행하
였다. 마침내 토굴 벽이 무너졌다. 조용한 폭풍과 같은 사자후가
터져 나왔다. 법열에 찬 오도송悟道頌이었다. 이렇게 새 생명으로,
청정한 법신法身의 대광명으로 다시 태어난 것을 '정진오도精進悟道'
라 표현하였다.

여섯째_ 정혜쌍수定慧雙修

1933년 46세 때에 금강산 유점사 마하연선원에서 만공滿空 스
님을 모시고 살 때 우연히 평양 복심법원 시절의 동료였던 일본
인 판사를 만나게 된다. 그로 인해 그만 과거의 행적이 모두 탄로
나고 말았다. 스님에겐 '판사 중'이란 별명이 하나 더 생기게 되
자, 금강산도 이젠 인연이 다 되었음을 통감하고 설악산 봉정암鳳
頂庵을 거쳐 한암漢岩 스님이 주석하고 계신 오대산 상원사上院寺를

찾았다. 1935년 48세 때다. 한암 스님으로부터 포운泡雲이란 당호堂號와 함께 인가印可를 받고, 이듬해에는 덕숭산 정혜사定慧寺에 주석하고 계신 만공 스님을 모시고 살면서도 선옹船翁이란 당호와 함께 인가를 받았다.

그리고 운수행각의 발길이 승보종찰 조계산 송광사에 이르니 1937년 50세 때다. 송광사 삼일암 선원三日庵禪院의 회주會主로 주석하던 1938년 음력 4월 28일 새벽에 제16세 고봉국사高峰國師의 역력한 몽중법문夢中法門을 듣고서, 효봉학눌曉峰學訥이라 법명과 당호를 스스로 개명하니 51세 때의 일이다. 이로부터 불일 보조국사의 뛰어난 수행이념을 실천하고 불조혜명佛祖慧命과 조계선풍曹溪禪風을 계승하여 제2 정혜결사운동을 굳게 다짐한 것을 '정혜쌍수定慧雙修'라 표현하였다.

일곱째_ 대진선풍大振禪風

1945년 58세 때 일제日帝 치하로부터 조국이 해방되자 광복의 힘찬 물결은 불교계에도 일기 시작했다. 이듬해인 1946년엔 법보종찰法寶宗刹 가야산 해인사海印寺에 근세 한국불교 사상 최초로 종합수도원인 가야총림伽倻叢林이 설립되자, 초대 방장方丈으로 위촉되었다. 10여 년간 머물던 정든 송광사를 떠나는 것은 오로지 도제양성을 통해 불교중흥의 기틀을 마련하고 인천人天의 대복전大福田을 이루어 요익중생饒益衆生을 위함이었다.

하지만 1950년 동족상잔의 비극인 6·25사변으로 인해 해인사 가야총림은 5년 만에 해산되고, 한반도의 전 국토가 온통 전운에 휩싸이니 그 비참함이란 말로 형용할 수가 없었다. 이럴 때일수록 더욱 철저하고 간절한 수행 정진만이 불보살의 가피력으로 남북통일과 세계평화가 이룩되리라 염원하면서 부산 금정사金井寺와 통영 미륵산彌勒山 용화사龍華寺와 미래사彌來寺 등에서 선풍을 드날리던 시절을 '대진선풍大振禪風'이라 표현하였다.

여덟째_ 종단정화宗團淨化

1953년 휴전협정으로 분단된 조국과 동족상쟁의 비극이 미처 아물기도 전에 불교종단에서도 정화운동이 일어나기 시작했다. 일제 치하의 왜색불교로 오염된 불교교단을 정화하겠다는 정화의 횃불이 '불법佛法엔 대처승帶妻僧은 없다.'라는 기치 아래 1954

년부터 타오르기 시작하였다. 전국비구승北丘僧대회가 서울 선학원禪學院을 중심으로 개최되고, 1956년에는 네팔에서 열린 세계불교도대회에 참석하여 대한불교조계종의 정화불사를 널리 알리고 귀국한 후, 종회의장宗會議長과 총무원장總務院長을 역임하였다. 1958년 71세 때에는 대한불교조계종 제3대 종정宗正에 추대되어 종단의 기틀을 굳건히 다졌다.

1960년 73세 때에 종단정화불사가 일단락되자 "수행이 없는 정화불사나 포교활동은 있을 수 없다." 하면서 다시 통영 미래사 효봉대曉峰坮 토굴에서 결사하는 마음으로 3년을 안거하였다. 그러자 1962년 4월 11일, 비구승과 대처승 간의 통합종단으로 '대한불교조계종曹溪宗'이 새롭게 탄생되어 다시 대한불교조계종의 초대 종정에 추대되었다. 그리고 종정 주석 사찰로 대구 팔공산 동화사桐華寺가 지정되니, 제자인 구산九山 스님이 동화사 주지에 취임하였다. 구산 스님은 은사이신 종정스님을 동화사 금당선원金堂禪院의 미소실微笑室에 모시고 극진히 시봉하였다. 이 기간을 '종단정화宗團淨化'라고 표현하였다.

아홉째_ 적광보조寂光普照

1966년 5월 14일. 구산 스님은 뜻밖에 동화사 주지를 사임하고 은사스님을 모시고 밀양 표충사表忠寺 서래각西來閣으로 이석하였다. 이를 시절인연이라 할까? 아니면 임종의 인연 터를 찾음이라 할까? 밀양 표충사는 임진왜란 당시 구국성사救國聖師 사명四溟 대사의 고향이자, 사명 스님의 유품을 간직하고 있는 호국사찰이다. 호국안민護國安民의 태평시대를 기약하려면 민족정신이 올곧게 깨어 있어야 한다. 표충사는 그런 국민정신을 일깨우는 도량이다.

평소 효봉 스님은 "아무리 부처님인 불보佛寶가 거룩하고, 가르침인 법보法寶가 훌륭하더라도 그 거룩하고 훌륭한 가르침을 전할 승보僧寶인 스님들이 없었다면 오늘날까지 어떻게 불법佛法이 유전되었겠는가?" 하며 이 시대를 선도할 현전승보現前僧寶의 양성과 승보도량의 중요성을 역설하면서 제자들에게 조계산 송광사를 중흥하기를 간곡히 부촉하였다.

1966년 10월 15일(음력 9월 2일) 오전 10시. 마침 그날따라 사명대사의 추계제향을 모시는 날, 열반종 소리가 표충사 골짜기에 울러 퍼지기 시작했다. 스님은 평소처럼 가부좌하신 채로 조용히 입적하였다. 이때 스님의 세수^{世壽}는 79세요, 법랍^{法臘}은 42년이었다. 영결식은 7일 종단장^{宗團葬}으로 서울 조계사 총무원에서 봉행하고 다비식은 화계사에서 거행하니, 오색영롱한 진신사리 53과가 수습되었다.

표충사 뒤 산록에 자연거석으로 흡사 스님을 닮은 사리탑인 천진보탑^{天眞寶塔}을 건립하였다. 그리고 구산 스님은 문도들과 함께 은사스님의 유촉을 받들어 1967년 봄 승보도량 조계산 송광사로 이석하였다. 은사스님의 일주기를 기해 스님의 승적본사^{僧籍本寺}인 송광사 도량에 사리탑과 비를 세웠다. 1969년 음력 4월 15일, 하안거를 기해 승보도량 송광사에 종합수도원인 조계총림을 설립하였다. 이렇게 효봉 스님께서 계승하고 드높인 불조혜명^{佛祖慧命}과 조계선풍^{曹溪禪風}의 지혜와 자비광명이 온 누리를 두루 비추기를 염원하면서 이를 '적광보조^{寂光普照}'라 표현하였다.

2009년 11월 5일

승보종찰 송광사 미국 LA분원

고려사^{高麗寺} 성림산방^{聖林山房}에서

에세이 효봉

曉峰

초판 1쇄 발행 2022년 9월 27일

＊
지은이   이일야
감수   강건기
펴낸이   오세룡
편집   손미숙 박성화 전태영
기획   최은영 곽은영 김희재
디자인   고혜정 김효선 박소영
홍보·마케팅   이주하

＊
펴낸곳   담앤북스
          서울특별시 종로구 새문안로3길 23 경희궁의 아침 4단지 805호
          대표전화 02)765-1250(편집부) 02)765-1251(영업부)
          전송 02)764-1251
          전자우편 damnbooks@daum.net

＊
출판등록 제300-2011-115호

＊
ISBN   979-11-6201-177-5 (03220)
정가   18,000원

＊